가뭄의 경제학:

산업과 경제에 대한 파장

Economics of Drought in Climate Change Era

Implications for Industry and Economy

김준모

도서출판 지식나무

TO MY LORD   JESUS   CHRIST

WHO GAVE ME INSPIRATION

머리말

저자의 이전 책들인 산성비의 활용과 지역개발과 산성비 시대의 농업배출 가스 트렌드에서 저자는 산성비와 배출 가스 트렌드를 통하여 기후변화 시대에 우리가 놓인 상황을 분석하였다. 기후변화의 맥락에서 한걸음 더 진전하여 이 책에서 논의하고자 하는 주제는 기후변화 맥락에서의 가뭄이다. 이전 시기에도 가뭄은 주기적으로 인류 역사 속에 등장하곤 했다. 이러한 익숙함은 우리의 재난에 대한 대비와 적응력을, 그리고 재난에 대한 문해력을 약화시킨다.

무엇이 우리의 적응력을 약화시킨다는 것일까? 이는 앞으로의 재난 유형이 복합화 되고, 다층화됨에 대한 종합적 제시가 덜 되었기 때문이다. 이는 사실 인류가 추구해 온 과학과 학문의 특성상 세분화된 전문 분야로 특화되는 가운데 통합이 쉽지 않은 데서도 최소한 일부 이유가 귀인된다.

기후 변화, 기상, 재난 재해, 통계학, 환경 공학, 과학기술정책 등 여러 영역에서 기후변화와 관련된 연구가 그동안 축적해 온 노력에 대한 높은 평가와 그동안 선각자들이 준비한 토대의 소중함을 인식하면서, 본서에서는 이러한 복합적 재난으로서의 기후변화의 징후 중 하나인 가뭄에 대한 작고 절제된 범위의 피해 추계와 복합화된 현상으로서의 기후변화, 즉 연쇄적 영향을 미치는 현상 속에서의 가뭄을 보는 데에 집필의 목적이 있다. 이러한 논의는 비단 과학자들만의 영역이기보다 넓은 범위의 사람들의 논의가 필요한 부분일 것이다. 앞으로 여러 정책 커뮤니티에서 활발한 논의가 이루어지기를 기대하는 마음으로 출간해 보고자 한다.

2025년 1월

저자

차 례

<표 목차>

\<그림 목차\>

제1장 서론

1. 연구의 배경 및 목적

저자의 이전 책들인 산성비의 활용과 지역개발과 산성비 시대의 농업배출 가스 트렌드에서 저자는 산성비와 배출 가스 트렌드를 통하여 기후변화 시대에 우리가 놓인 상황을 분석하였다. 기후변화의 맥락에서 한걸음 더 진전하여 논의하고자 하는 주제는 기후변화 맥락에서의 가뭄이다. 이전 시기에도 가뭄은 주기적으로 인류 역사 속에 등장하곤 했다. 이러한 익숙함은 우리의 재난에 대한 대비와 적응력을, 그리고 재난에 대한 문해력을 약화시킨다.

그렇다면 무엇이 우리의 적응력을 약화시킨다는 것일까? 이는 앞으로의 재난 유형이 복합화되고, 다층화됨에 대한 종합적 제시가 덜 되었기 때문이다. 이는 사실 인류가 추구해 온 과학과 학문의 특성상 세분화된 전문 분야로 특화되는 가운데 통합이 쉽지 않은 데서도 최소한 일부 이유가 귀인된다. 즉, 그동안 수많은 과학자들의 연구를 통해 기후변화의 징후들은 수도 없이 경종을 울려왔지만, 이에 대한 대응을 어느 수준에서 할 것인가의 문제로 여러 국가들이 고민해 온 것이 사실이고, 이중에 기후변화는 임계점을 이미 넘었는지도 모르는 지경에 이르고 있다.

기후변화는 과학뿐 아니라, 사회 경제, 인문의 영역에서 통합적으로 보는 것이 필요하다는 입장이 보다 넓은 지지를 받아야 할 시기가 오고 있다. 매우 현실적인 예를 들면, 기후 변화로 습도가 높아진 어느 지역이나 국가가 실제로 존재한다. 이 지역에선 보다 정주성이 높은 지역으로 사람들이 이주케 된다. 대개는 도시로의 이주가 촉발된다. 당연히 직업과 사회 보장의 문제가 수반되지만, 그 이전에 수많은 사람들의 이주는 질병의 패턴도 바꾸게 될 것이다. 이러한 이주가 국내적으로만 그치지 않고, 국제간 이동의 증가로 귀결된다면, 다른 지역의 풍토병이 유입될 수도 있게 된다.

거주 패턴의 변화와 기후변화의 지속적 진전으로 도시 기후가 변화하고, 농촌 지역의 기후도 변화한다면, 여러 가능한 시나리오 중 하나는 그동안 카펫 밑으로 감추고 싶었던 "인수 공통 질병"의 우려도 다시금 고민해야 할 시점이 올 수도 있다.

여기까지의 "표준적"인 기후변화 시나리오가 진전되는 가운데, 강우량 변화, 더 직접적으로는 가뭄이 장기화된다면, 그야말로 재난이 재앙이 되는 상황이 도래하게 되는 것이다. 이런 맥락에서 앞으로의 기후변화 이슈는 단순히 에어컨을 더 가동하고 모기가 사철내내 공존하는 단순한 현상을 뛰어넘는 상황을 대비하여야 한다.

기후 변화, 기상, 재난 재해, 통계학, 환경 공학, 과학기술정책 등 여러 영역에서 기후변화와 관련된 연구가 그동안 축적해 온 노력에 대한 높은 평가와 그동안 선각자들이 준비한 토대의 소중함을 인식하면서, 본서에서는 이러한 복합적 재난으로서의 기후변화의 징후 중 하나인 가뭄에 대한 작고 절제된 범위의 피해 추계를 우리가 익숙히 아는 GDP 대비 규모로 산출해 보는 데에 집필의 목적이 있다.

이어서 본서에서는 이러한 재난으로서의 가뭄에 대비하는 차원에서의 전담 조직이 필요하다면 갖추어야 할 요건들에 대한 이론적 논의를 제시해 보았고, 보다 중요한 것은 기후변화와 가뭄, 그리고 복합형 재난의 이슈가 결국 사회적 거버넌스의 문제로 귀결될 것으로 판단하여 보다 넓은 독자층들을 염두에 두고 사회적 거버넌스에 대한 내용을 제시해 보고자 하였다.

이 책은 제목에서 제시되는 경제학이라는 단어를 사용하지만, 전적으로 좁은 의미의 경제학의 영역에 있기보다는 산업과 경제에 미치는 종합적인, 그리고 피해와 파장에 대한 연구의 의미를 담고 있다. 이러한 배경하에서 집필된 이 책이 전작인 산성비의 활용과 지역개발, 그리고 산성비 시대의 농업배출 가스 트렌드와 함께 기후변화 시대를 대비하는 우리 사회의 맥락적 문해력 증진에 도움이 되기를 바라는 집필 의도를 제시해 본다. 물론 이 이슈도 사회 전반적인 이해도와 공조 노력이 요청되는 의제일 것이다.

2. 책의 범위 및 내용

이 책의 1장에 이어 2장에서는 기후 온난화와 가뭄의 산업 경제적 파장이라는 주제로 가뭄이 유발시키는 경제적 사회적 영향에 대한 파급을 제시하였다. 특히 2장에서는 노동력 투입 이슈부터 보건 이슈 등을 개관하고, 다른 분야에서 널리 알려진 재난에 대한 인식 기준인 블랙 스완 등의 틀을 적용하여 설명해 보고자 하였다.

3장에서는 가뭄과 기후변화 영향의 경제적 추계를 제목으로 하여 GDP 대비한 피해의 규모를 비교적 작은 규모로 추정하였는데, 이는 실제의 규모는 대단히 클 것이므로, 작은 범위와 가정 하에서의 규모를 가늠케 해 보는 의도를 가지고 집필되었다. 특히, 가뭄에 대한 추계에 앞서서, 질병으로 인한 GDP 대비 추계를 제시해 보았는데, 이는 캐나다에서 SARS에 대한 추계치 연구가 있어서 이를 최소 규모로 보고 적용하였다. 이어서 제 3장 4절에서는 대응 조직의 경제성이라는 주제로 조직적 해법에 대한 이슈를 다루었고, 이어서 제 4장에서는 사회적 거버넌스의 이슈를 기후변화 적응을 위한 필수적 요건으로 제시해 보았고, 정책 어젠다 설정, 집행과 평가에 있어서의 논점들을 기후변화의 맥락에서 점검해 보았다. 마지막으로 제 5장은 결론부로 마무리와 정책적 시사점들을 제시하고 있다.

제2장 기후 온난화와 가뭄의 산업 경제적 파장

기후 온난화에 대한 책들과 논문들은 수도 없이 많다. 그럼에도 이 책을 통하여 전달하고자 하는 핵심은 상이한 지식체계 간의 연결이다. 본서의 출간 전에 출간된 "산성비의 활용과 지역개발"에서는 약 50년 간의 시계열 데이터를 기반으로 주요 기후변화 관련 배출물들에 대한 분석을 제시하였고, 그 후속작에서는 농업 부문에 특화된 분석을 시도하였는데, 그 연속선 상에서 본서에서는 기후 온난화가 가져다주는 산업 경제적 파장을 살펴보고자 한다. 이를 바탕으로 이어지는 제3장에서는 가뭄과 기후변화의 경제적 피해 추계에 대한 접근을 시도해 보고자 하는 것이다.

제1절 경제 산업적 측면의 제약요인

1. 노동 투입량 제약 요인

공통요인

경제 활동의 주 투입 요소들(input factors)은 크게 노동과 자본을 대분된다는 점에서는 대부분의 학자들과 실무계에서의 공감대가 있다.[1] 노동량 투입의 제약 요인 관련해서는 농업, 제조업, 서비스업을 포함하

---

1) Baumol, William J., Richard R. Nelson, and Edward N. Wolff, eds. Convergence of productivity: Cross-national studies and historical evidence. Oxford University Press, USA, 1994.

여 망라적으로 전 업종이 영향을 받게 된다는 점이 공통적 사항이다.[2] 즉 제조업 중에서 전통적인 제조업 뿐아니라 첨단 산업 업종들도 기후변화 보다 구체적으론 온난화의 파장에서 벗어날 수 없는 숙명에 놓여 있다.[3]

1) 농업

이미 인도, 방글라데시 등 서남아 국가들에서는 기후변화의 영향으로 농업 생산성에 영향을 받고 있다. 이는 다시 몇 갈래로 살펴볼 수 있는데, 첫째는 농업 현장에 투입되는 시간이 제약될 가능성이 크기 때문이다.[4] 둘째는 일조량을 포함한 기후 변화적 요인으로 인하여 동일한 작물. 예컨데 쌀의 경우에도 영양 조성의 변화가 발생하였고, 이 지역 내에서는 영양 부족의 이슈가 등장한 국가도 있다는 점이다.[5] [6] 현장에 대한 인력 투입의 제한은 단순히 온도만으로 인한 것이 아

2) Wenyun Yao, Yi Zhang, Jingwen Ma, Guanghui Cui, "Does environmental regulation affect capital-labor ratio of manufacturing enterprises: Evidence from China," International Review of Financial Analysis, Volume 86, 2023,

3) Chen, H. Song, C. Wu., "Human capital investment and Firms' industrial emissions: Evidence and mechanism", Journal of Economic Behavior and Organization, 182 (2021), pp. 162-184

4) D.Yu,L.Liu,S.Gao,et al. "Impact of carbon trading on agricultural green total factor productivity in China". J. Clean. Prod.(2022) 김준모, 산성비의 활용과 지역개발 지식나무 2024

5) Dawadi, Binod, et al. "Impact of climate change on agricultural production: A case of Rasuwa District, Nepal." Regional Sustainability 3.2 (2022): 122-132. 김준모, 산성비의 활용과 지역개발 지식나무 2024

6) Adekunle Stephen Toromade1 ,Deborah Aanuoluwa Soyombo, Eseoghene Kupa.,& Tochukwu Ignatius Ijomah., Reviewing the impact of climate change on global food security:Challenges and solutions", International Journal of Applied Research in Social Sciences Volume 6, Issue 7

니다.[7] 습도도 노동 현장의 난이도, 지구력에 대한 제한 요건으로 작용하며, 방글레데시, 인도 남부 등에는 이미 정주 여건에 대한 위협 요인으로 작용하고 있다.[8] 최근 일본에서도 기후 변화로 인해 쌀 작황이 안 좋아지고, 이에 따라 시장에 대한 공급 물량이 감소하여 도시 지역에서 쌀이 품귀되는 현상이 보도되었는데[9], 향후에 기후변화가 심화되는 시기가 온다면, 이러한 일은 빙산의 일각과 같은 예표로 여겨지게 될 것이다.

기후온난화로 쌀 작황이 감소되는 국가는 이미 일본과 인도 등으로 나타나고 있다. 이러한 부문적 위기에 대한 전통적인 해법은 당연히 과학적 처방에 근거한 것이다. 종자개량과 비료 사용 증대가 전통적인 해법이 되게 될 것이다.[10] 물론 이 방법이 항구적인 해결책을 가져 오리라는 보장은 차후 세대에 미루고 현안에 초점을 둔 타개책으로서 등장하게 된다. 그러나 화학 비료의 증대는 메탄 등 non-CO_2의 증가를 유발케 되고[11], 온난화는 가속화의 길을 가게 될 것이다.

7) Shayegh, S., & Dasgupta, S. (2022). Climate change, labour availability and the future of gender inequality in South Africa. *Climate and Development,* 16(3), 209?226
8) Economist
9) "쌀 사러 오키나와까지 가요" 한국일보 2024. 9. 30
10) Wasi Ul Hassan Shah, Yuting Lu, Jianhua Liu, Abdul Rehman, Rizwana Yasmeen, "The impact of climate change and production technology heterogeneity on China's agricultural total factor productivity and production efficiency", Science of The Total Environment,Volume 907, 2024,
11) 김준모, 산성비의 활용과 지역 개발

2) 제조업

일반제조업

일반 제조업의 경우, 근로자들이 작업장에 직접 나와서 근무해야 하는 경우, 온난화는 온도와 습도면에서 작업 능률을 저하시킬 확률이 커진다. 능률 저하를 막기 위해 공기 조화기(에어컨)를 활용할 경우, 투입 요소로서의 전력 사용량이 증가하고[12], 이는 생산 원가 증가로 이어진다. 이에 대하여 쉬운 반론은 로봇 등 자동화의 추진이 대안으로 제기될 수 있으나, 로봇화가 어려운 분야, 그리고 자동화로 실익이 적은 분야, 자동화로 원가 부담이 커지는 분야가 발생할 가능성이 있어서, 결국 온난화의 파장을 피하지는 못하는 것으로 귀결된다.

결국, 전통적인 제조업 현장에서의 인력 투입 제약요인이 발생하고, 일차적인 대안은 임금 상향이겠으나, 이에는 업종별 제약이 다르고, 이에 대한 기술적 대처는 비용 증가로 이어진다.[13]

첨단 제조업

일견 외양상으론 첨단 제조업으로 갈수록 기후변화와 온난화에서 격리 된 것처럼 보인다, 그러나 실상은 그렇지 않다. 반도체 등 첨단 제조업은 기본적으로 용수 공급의 이슈에 직면해 있다. 즉 용수 부족과 다량의 전기 사용으로 사업장 인근 전반의 전력 공급 나아가서는

---

12) Nnaemeka Vincent Emodi Taha Chaiechi, and ABM Rabiul Alam Beg, "The impact of climate change on electricity demand in Australia". Energy and Environment Volume 29, Issue 7 2018. Francesco Pietro Colelli, Ian Sue Wing & Enrica De Cian., "Air-conditioning adoption and electricity demand highlight climate change mitigation?adaptation tradeoffs", Scientific Reports volume 13, Article number: 4413 (2023)
13) 김준모 산성비의 활용과 지역개발 지식나무 2024

국가 전반의 에너지 공급량에 큰 비중을 차지할 수 있다.14) 용수와 전력의 제약 요인화는 단가상승을 초래하게 되고, 이는 이 첨단 제품을 활용하는 전 산업적 파급력을 발생시킨다.15) 즉 인플에이션 요인이 되게 된다.

3) 서비스업

서비스업의 범주는 매우 넓으며, 이를 여하히 정의하느냐에 따라서 영향력의 범위를 설명하는 데에는 일정한 레인지가 있을 수 있다. 그러나 통상적인 의미에서 서비스업 중에서 전통적인 부문은 인력의 투입이 필수적이므로, 기후 온난화는 노동 투입을 제약하거나, 이를 극복키 위해선 기후 조절 장치 즉 냉난방 장치의 가동으로 인한 비용 증가와 노동 투입의 한계 비용이 증가하는 것을 막을 수는 없을 것이다.

또한 최근의 서비스업 트렌드가 그러하듯이, IT 기술의 투입이 강화되고 있어서, 전자 통신 분야에 대한 기후 변화의 제약요인은 첨단 서비스업에도 공통적인 제약 요인으로 작용케 된다. 클라우드 서버, 인공지능 관련 애플리케이션이 전력 사용량 문제가 그러하며, 서버 클러스터, 데이터 센터의 냉각 용수 공급과 부족16), 냉각수는 냉각유

---

14) Seaver Wang, Zeke Hausfather, Steven Davis, Lauren Liebermann, Guido D. Nunez-Mujica1, Jameson McBride et. al., "Future demand for electricity generation materials under different climate mitigation scenarios", Joule, Volume 7, Issue 2p309-332February 15, 2023

15) Ariel Dina, "Challenges to Water Resource Management: The Role of Economic and Modeling Approaches". Water 2024, 16(4), 610 Onyinyechukwu Chidolue, Peter Efosa Ohenhen, Aniekan Akpan Umoh, Bright Ngozichukwu, Adetomilola Victoria Fafure, & Kenneth Ifeanyi Ibekwe. (2024). GREEN DATA CENTERS: SUSTAINABLE PRACTICES FOR ENERGY-EFFICIENT IT INFRASTRUCTURE. Engineering Science & Technology Journal, 5(1), 99-114. Yiqun Zhu, Quan Zhang, Liping Zeng, Jiaqiang Wang, Sikai Zou, An advanced control strategy of hybrid cooling system with cold water storage system in data center, Energy, Volume 291, 2024,

로 용수대체가 가능하나17), 이 경우에도 냉각유 소요 증가 서버 주기 교체 시마다 용량, 성능 증가로 전기 소비량 증가가 예견되어18), 구조적으로 기후변화에 대한 역행적 방향으로 진행되고 있는 분야19)이면서도 인류 문명의 발전 궤도상 그 방향으로 갈 수밖에 없는 단선적 궤도의 어려움이 존재한다.

4) 에너지 생산 제약 요인

수력

수력 발전은 기후변화와 이에 연동되는 가뭄 현상이 표면화될 경우, 물의 활용에 대한 기준이 강화될 가능성이 있고, 수력 발전을 시행한 이후에 용수를 재담수하거나 일정 저수지로 보내는 등의 조치가 수반될 가능성이 있다. 근원적으론 가뭄의 시대엔 수력 발전은 제약 요인이 작동하게 된다.20)

---

16) Di Tian, Xinfeng Zhao, Lei Gao, Zuobing Liang, Zaizhi Yang, Pengcheng Zhang, Qirui Wu, Kun Ren, Rui Li, Chenchen Yang, Shaoheng Li, Meng Wang, Zhidong He, Zebin Zhang, Jianyao Chen, "Estimation of water quality variables based on machine learning model and cluster analysis-based empirical model using multi-source remote sensing data in inland reservoirs, South China", *Environmental Pollution*, Volume 342, 2024,

17) Zhihao Jin, "Advancement of Liquid Immersion Cooling for Data Centers", Highlights in Science, Engineering and Technology Volume 97 (2024)

18) Lepawsky, Josh., "Climate change induced water stress and future semiconductor supply chain risk". *iScience*, Volume 27, Issue 2, 108791

19) Shu-Chen Tsai, Su-Hsin Lee, Ta-Jen Chu, "On the tailor-made water governance mechanism for Taiwan's semiconductor industry", *Water Resources and Industry*, Volume 31, 2024,

20) Natalia de Assis Brasil Weber, Julian David Hunt, Behnam Zakeri, Paulo Smith Schneider, Fernando Sergio Asfor Parente, Augusto

원자력

일견 원자력 발전은 기후 변화나 가뭄의 상황과는 독립적일 것으로 보일 수 있으나, 이 또한 기후변화의 트렌드로부터 완전히 절연되기는 어렵다. 먼저, 수력 등 타 발전 부문의 제약은 원자력에 대한 사회적 기대를 증진시킬 가능성이 커지며, 다만 원전의 경우에도 발전에 따른 냉각수의 이슈는 남는다. 대개는 해안가에서 해수를 활용한 냉각을 하는 경우는 비교적 가뭄이슈로부터 분리 되지만, 유럽 등의 지역에 내수면 용수를 활용해야 하는 경우엔, 용수 활용면에서 제로 섬 게임을 해야 할 수 도 있다.21) 또한 해안가에 입지한 경우에도, 가뭄기에는 내륙으로부터의 담수 유입이 제약되어 인근 바다의 온도 상승이나 염도 변화 등에 가뭄 아닌 시기에 비하여 영향도가 커지게 되는 점은 이슈로 남을 수 있다.

화력 발전

화력 발전의 경우, 내수면 담수를 냉각수로 활용케 되는 경우엔, 위의 예와 유사히 물 활용면에서 제로 섬 게임을 해야 될 수 있다.

태양광 발전

태양광 발전의 경우, 노동력 투입 제한으로 솔라 패널 생산 제한이 발생할 가능성이 크고, 이에 대한 교체 비용도 증가케 된다. 이후 패

Delavald Marques, Amaro Olimpio Pereira Junior, "Seasonal pumped hydropower storage role in responding to climate change impacts on the Brazilian electrical sector", *Journal of Energy Storage*, Volume 87, 2024,

21) R. Schmitz, F. Frischmuth, M. Braun and P. Hartel, "Coping with Risk Factors in Energy System Transformations - Climate Change Impacts on Nuclear Power Plant Availability in Europe," 2024 20th International Conference on the European Energy Market (EEM), Istanbul, Turkiye, 2024, pp. 1-7.

널 수명이 다한 이후의 폐기에도 인력이 투입되는 만큼, 투입 제한 요인으로 작용케 될 곳이다. [22]

2. 사회적 위기, 보건적 위기

대부분의 기후변화 연구물들은 기후변화의 위기를 과학적으로 다루는데 충실하다. 이것은 올바른 접근이다. 그러나 우리가 직면하게 될 현실은 혹은 미래는 복합적이라는 데에 치명적인 차이를 지니고 있다. 즉 기후변화로 기존의 거주 여건이 불변한 상태에서 겪는 불편함이 아니라, 거주의 이전을 해야만 하는 인구가 발생하는 국가들이 다수 나타날 수 있고, 그동안 여러 가지 경로로 별개로 이해하고 있던 재난 유형의 현상들이 연쇄적으로 나타날 수도 있는 개연성이 커지게 된다.

예를 들어 기후변화로 인한 해수면 상승은 이주민 증가를 낳게 된다.[23] 이미 서남 아시아의 인도 남부나 방글라데시 등 일부 지역은 기후변화로 인한 습도가 비도시인구를 도시로 몰리게 하고 있다.[24] 온도 그 자체보다 더 심각한 것이 습도인 것이다.[25] 이렇게 이동한 인구

22) Hakan Gune, ,Hamis Miraji Ally Simba, Haydar Karada ORCID and Mustafa ., "Global Energy Transformation and the Impacts of Systematic Energy Change Policy on Climate Change Mitigation". Sustainability 2023, 15(19)

23) El-Hinnawi, E. (1985) Environmental Refugees. United Nations Environment Programme (UNEP), Nairobi, Kenya.

24) Paramita Roy, Subodh Chandra Pal, Rabin Chakrabortty, Indrajit Chowdhuri, Asish Saha, Manisa Shit, "Effects of climate change and sea-level rise on coastal habitat: Vulnerability assessment, adaptation strategies and policy recommendations", *Journal of Environmental Management*, Volume 330, 2023
Celia McMichae., "Climatic and Environmental Change, Migration, and Health", Annual Review of Public Health Volume 44, 171-191. 2023

25) Colin D. Butler, Devin C. Bowles., Climate Change and Global

는 이들 나라에서는 이전에는 농업이나 수산업 등 다른 업종에 종사
하던 인구인데26), 도시 지역에 이주하게 되면27), 서비스업에 종사할
가능성이 커진다.28) 그러나, 이들이 진입하게 될 서비스업 분야는 흔
히 말하는 고부가가치 서비스업 즉 high flyer가 아니라, 낮은 인건
비를 경쟁력의 기반으로 하는 부문일 가능성이 크다. 그리고 주거 여
건이 이슈가 되는데, 양질이 아닌 주거 여건에 노출되고29), 이들의
밀집 지역에선 보건 이슈도 나타날 수 있다.

　보다 일반화된 논점으로 방향을 바꾸어 보면, 기후변화로 인구가
이동을 하게 되는데30), 이들의 생업이 변화되고, 국경을 넘어 다른
국가로 이주하는 인구도 미래에는 대규모로 나타날 수 있고,31) 다른
지역의 풍토병도 같이 옮겨올 가능성도 존재한다. 즉, 기후변화는 그
자체만으로 온대 지방의 경우, 곤충의 서식 시기가 길어지고. 이로
매개되는 질병이 창궐할 수 있으며, 그보다도 다른 지역에서 다른 질

Health: Primary, Secondary and Tertiary Effects. pp. 286-303
26) Gustin G. (2022) Climate change is driving millions to the precipice of a 'raging food catastrophe', Inside Climate News. Available at: https://hiiraan.com/news4/2022/Dec/189067/climate_change_is_driving_millions_to_the_precipice_of_a_raging_food_cat astrophe.aspx (accessed 24 December 2022)
27) Foresight (2011) Migration and Global Environmental Change: Future Challenges and Opportunities. The Government Office of Science, London.
28) Gemenne, F. (2011) Why the numbers don't add up: a review of estimates and predictions of people displaced by environmental changes. Global Environmental Change 21, Supplement 1, S41?S49.
29) Adams, H. (2016) Why populations persist: mobility, place attachment and climate change. Population and Environment 37, 429?448.
30) Black, R., Adger, W.N., Arnell, N.W., Dercon, S., Geddes, A. and Thomas, D. (2011a) The effect of environmental change on human migration. Global Environmental Change 21, Supplement 1, S3 S11.
31) Blitzer, J. (2019) How climate change is fuelling the U.S. border crisis. The New Yorker. Available at: https://www.newyorker.com/news/dispatch/how-climate-change-is-fuelling-the-us-border-crisis (accessed 27 September 2022).

병마저도 옮겨져 올 가능성도 있다[32]. 그보다 낙관적인 시나리오로 보면, 다른 지역의 풍토병이 오기 전에 도시 지역의 과밀집화 증가 자체가 여러 질병의 원인을 제공할 수 도 있다[33].

여기에 또 하나의 디멘션(차원)이 추가된다면, 설상가상의 시나리오로 된다. 즉, 온도 상승 +가뭄〉〉곤충증가 질병매개증가로 질병 팬데믹이 오거나, 식량 부족 가속화가 초래되는 상황이다.[34]

3. 사회 거버넌스의 위기

앞서 서술한 위기 상황이 된다면, 사회 거버넌스가 취약한 일부 국가에선 큰 위기가 올 개연성이 존재한다.[35] 여기서 중요해지는 대목이 사회적 자본(Social Capital)[36]과 문화의 중요성이다. 즉, 여러 시나리오가 동시 진행될 때, 이를 교통 정리해 줄 어떤 기구와 사회적 노우 하우, 이에 협조해 줄 사회적 자본이 키워드가 되게 된다.[37]

32) Dinesh Bhandari, Peng Bi, Jeevan Bahadur Sherchand, Ondine S von Ehrenstein, Zerina Lokmic-Tomkins, Meghnath Dhimal, Scott Hanson-Easey, Climate change and infectious disease surveillance in Nepal: qualitative study exploring social, cultural, political and institutional factors influencing disease surveillance, Journal of Public Health, Volume 46, Issue 1, March 2024, Pages 30-40

33) Phillips MC, LaRocque RC, Thompson GR. Infectious Diseases in a Changing Climate. JAMA. 2024;331(15):1318-1319.

34) Mahon, M.B., Sack, A., Aleuy, O.A. et al. A meta-analysis on global change drivers and the risk of infectious disease. Nature 629, 830?836 (2024)

35) Nardulli, P. F., Peyton, B., & Bajjalieh, J. (2015). Climate Change and Civil Unrest: The Impact of Rapid-onset Disasters. Journal of Conflict Resolution, 59(2), 310-335.

36) Putnam, Robert D., Raffaella Y. Nanetti, and Robert Leonardi. "Making democracy work: Civic traditions in modern Italy." (1994): 1-280.

즉 사회 과학에서 흔히 언급되는 거버넌스의 문제가 중요히 대두되게 된다.

제2절 위기의 유형화와 대응 시나리오

1. 도래는 현실인데, 대응은?

흔히 위기를 유형화하여 제시하는 경우에 자주 등장하는 개념화가 회색코뿔소(혹은 회색코끼리)와 검은백조 등으로 소개되는 유형화이다.

최근에 발생할 가능성이 매우 낮으나, 한번 발생하면 치명적인 유형에 대한 대비와 경각심을 갖고자 하는 학문적 실무적 노력이 진행되었고, 이를 통칭하여 X 이벤트라 부른다.38)

이러한 X 이벤트를 설명하기 위해 몇 유형의 위험 범주가 소개되는데, 회색코뿔소(혹은 회색 코끼리)는 어떤 위험을 사전에 미리 감지하여 충격을 예방할 수 있었음에도, 이를 간과해 대응하지 못하는 상황을 지칭한다.39) 이에 대비하여 블랙 스완은 기존의 통념의 틀을 깨는 예기치 못한 이벤트를 의미한다.40) 통상적으로 우리는 흰색 백

---

37) 사회적 자본에 대하여는 본서의 제 4장에서 다루어본다.
38) "Building Confidence in the Future" U.K. Gov't 2020
   Nicholas, Nassim. "The black swan: the impact of the highly improbable." Journal of the Management Training Institut 36.3 (2008): 56.
39) 미셸 부커 세계정책연구소 소장이 2013년 세계경제포럼에서 처음 사용한 용어로 2007년 미국에서 발생한 '서브프라임 모기지 사태(Subprime Mortgage Crisis)'가 대표적인 회색 코뿔소의 사례임.
40) 2007년 나심 탈레브 미국 투자 전문가가 쓴 책 '블랙스완'에서 처음 등장

조에 익숙하고, 블랙 스완이 나타나는 것은 첫 번째 블랙 스완이 나타날 때까지는 아무도 경험지 못한 상황이다.[41]

다른 비교 준거로서 블랙 젤리 휘시가 있는데, 이는 파급력이 크기는 하지만, 현재의 시점에서 누구나 예상 가능한 위험 상황을 말한다. 즉 아래의 그림에서 블랙 스완은 High Impact와 Extreme complexity가 결합된 비정상 상황(abnormality)이고, 회색 코뿔소(혹은 회색 코끼리)는 블랙 스완보다 임팩트와 복잡성 면에서는 작게 표현되는 위험 유형이고 블랙 젤리 휘시는 임팩트와 복잡성이 낮은 유형으로 제시된다.[42]

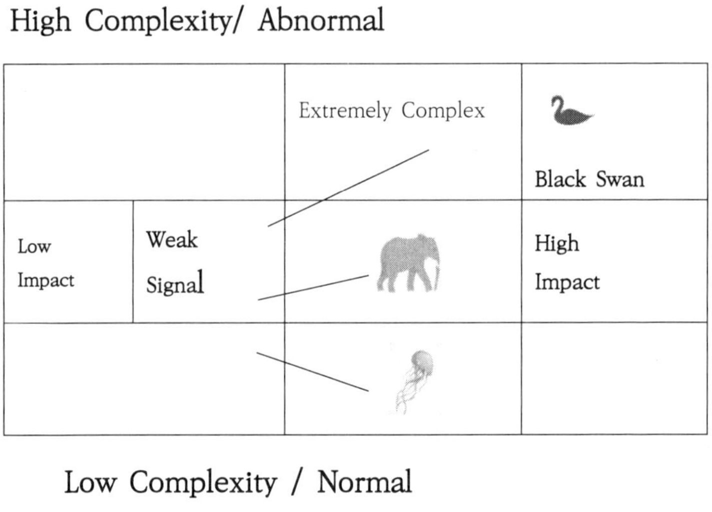

High Complexity/ Abnormal

〈그림 2-1〉 블랙스완과 회색코끼리

41) De Marzo, Giordano, et al. "Quantifying the unexpected: A scientific approach to Black Swans." Physical Review Research 4.3 (2022): 033079.
42) Yarovaya, Larisa, Roman Matkovskyy, and Akanksha Jalan. "The effects of a "black swan" event (COVID-19) on herding behavior in cryptocurrency markets." Journal of International Financial Markets, Institutions and Money 75 (2021): 101321.

기후 온난화와 가뭄의 위험 유형은?

그렇다면, 도래하는 가뭄과 극심한 기후변화는 검은 백조인가? 회색 코뿔소(코끼리)인가? 이 질문에 대한 답은 학문 분과마다 전문가 분야마다 온도 차이가 클 수밖에 없는 복합형 질문일 것이다[43]. 그럼에도 본서에서의 입장은 외견상으론 회색 코뿔소처럼 보이는 기후 온난화에 수반되는 재난 유형이나, 사실상 임팩트 면에서 블랙 스완 급에 해당되며[44], 복합도 면에서도 최고 난이도의 블랙 스완에 근접할 것으로 예단할 수 있다.[45]

이는 우리가 누리고 있는 현대의 문명이 너무나도 복합화된 경제 사회 구조 속에 상호의존성이 크게 구성되어서, 어느 한 부분의 이상 만으로도 복구가 불가한 재난에 이어질 수 있는데 비하여, 전지구적 기후 온난화와 가뭄이라는 상황을 전제한다면[46], 그야말로 전 지구적 스케일 현상으로 인하여 발생 이후의 복합도는 블랙 스완에 해당하리라 보이기 때문이다.

43) DeConto, R.M., Pollard, D., Alley, R.B., Velicogna, I., Gasson, E.et al. (2021) The Paris Climate Agreement and future sea-level rise from Antarctica. Nature 593, 83-89.

44) Hanić, Aida, and Petar Mitić. "Pandemics and Climate Change: Climate Black Swans." (2022): 313-336.

45) Hansen, J., Sato, M., Hearty, P., Ruedy, R., Kelley, M.et al. (2016) Ice melt, sea level rise and superstorms: evidence from paleoclimate data, climate modeling, and modern observations that 2°C global warming could be dangerous Atmospheric Chemistry and Physics 16, 3761-3812.

46) Marmai, Nadine, Maria Franco Villoria, and Marco Guerzoni. "How the Black Swan damages the harvest: Extreme weather events and the fragility of agriculture in development countries." Plos one 17.2 (2022)

2. 주요국의 기후변화 대응 시나리오의 한계점

1) 로마 클럽 보고서

로마클럽 보고서는 1972년에 발간되어 그동안 이 분야에서 선구적인 기여를 해 왔다. 로마클럽의 설립자인 아우렐리오 페체이는 동 시기의 저명한 학자들을 모아 지구의 지속 가능성에 관한 연구를 수행하였는데[47], 주저자인 당시 M.I.T. 교수였던 데니즈 메도오즈를 포함하여 다수의 학자들이 참여하였고[48], 제이 포레스트 당시 M.I.T. 슬로안 경영대학원 교수가 컴퓨터 시뮬레이션을 수행하여 12가지 시나리오를 제안하였다.[49]

로마클럽은 비공식 단체(NGO)이며 이들이 연구 기금은 독일의 폭스바겐 재단이 제공한 것으로 되어 있다. 로마클럽 보고서에서는

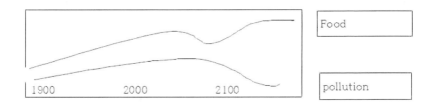

〈그림 2-2〉 로마 클럽 보고서 내용의 예시1

47) Robinson, Warren C. "The Limits to Growth: A Report for the Club of Rome's Project on the Predicament of Mankind." (1973): 289-295.
48) Dror, Yehezkel. The capacity to govern: A report to the club of Rome. Routledge, 2012.
49) Petushkova, V. V. "From the Limits to Growth to Sustainable Development: to the 50th Anniversary of the Report to the Club of Rome Limits to Growth." Outlines of global transformations: politics, economics, law 16.1 (2024).

지구의 인구와 경제성장이 2000년 경까지 지속되고, 가장 비관적인 시나리오에서도 물질적 생활 수준이 2015년까지 지속 성장할 것으로 예측하면서, 성장이 멈추는 시기를 책의 출간 뒤 약 50년 뒤로 설정하였다[50].

기여점과 한계점

로마 클럽 보고서는 발간 이후 센세에션을 불러 일으켰고, 수많은 비판을 받아왔다.[51] 첫째, 자원의 유한성인데, 보고서 출간 이후에 오히려 발견된 석유의 매장량이 증가하였고, 둘째, 그간의 기술 혁신은 보고서에서 말하는 성장의 한계의 시계를 뒤로 미룰 수 있게 하였다는 점이다. 셋째, 지속 가능성에 대한 인간의 선택여지가 있음을 강조하는 편에선 보고서의 내용이 너무 결정론적이라는 점을 지적하였다. 넷째, 식량 증산의 기술도 크게 증가한 점을 들고 잇다.

이러한 주요 비판점에도 불구하고, 이 보고서가 나온 이후 지구 전체 차원에서 환경, 기후변화에 대한 논의가 새로이 시작된 점은 긍정적인 면이 있고, 다만 로마 클럽이나 시에라 클럽 등의 경우에도 본인들이 갖고 있는 편기(bias)가 있다는 점이 덜 알려진 편이다.[52]

결국은 이들은 고전 경제학자인 멜서스의 지적 전통을 이어 받아, 지구인들 전체에 대한 경종을 울려준 점과 나름 당시의 최고의 석학들이 70년대로서는 첨단인 시뮬레이션을 활용한 예측을 한 점이 돋보이

50) Vieille Blanchard, Elodie. "Modelling the future: an overview of the 'Limits to growth'debate." Centaurus 52.2 (2010): 91-116.
51) Neurath, Paul. From Malthus to the Club of Rome and Back: problems of limits to growth, population control and migrations. Routledge, 2017.
52) Turner, Graham M. "A comparison of The Limits to Growth with 30 years of reality." Global environmental change 18.3 (2008): 397-411.

며53), 이들의 성장의 한계가 오는 원인에 대한 단언적 지적을 하지는 않은 점이 양날의 칼로 평가대에 올라와 있다고 볼 수 있다.54) 즉, 21세기의 관점에서 보면 더 이상 피할 수 없는 기후변화로 인한 '종말'에 대해선 상대적으로 덜 위기 의식을 가졌던 것으로 볼 수 있을 것이다.

2) 기존 시나리오들의 긍정적 측면과 제약점들

Top down 방식 추계의 한계

주요국들은 기후변화의 위기에 대한 인식에 눈을 뜨면서, 기후변화 대응의 사니리오들을 작성해 오고 있다. 특히 탄소 제로를 목표로 저감 계획을 만들고 연구 개발도 시행하고 있다. 이러한 일련의 노력들에 공통되는 제한점들을 살펴보면 다음과 같다.

결국은 비용 편익의 문제이다.

환경 문제에 대한 해결은 특히 대규모 투자를 필요로 할 경우 세대 간 자원 배분의 문제로 귀결되고, 이는 현실적으로 비용편익의 문제이다.

(1) 장기적 혜택 vs. 단기적 비용

기후변화에 대한 대응 조치는 종종 장기적으로 경제적, 환경적 이익을 가져오지만, 단기적으로는 상당한 비용을 초래할 수 있어서 정책 입안자들은 단기적인 경제적 부담과 장기적인 이익 사이에서 균

---

53) Pereira, R. Silva. "The Limits to Growth—A Report for the Club of Rome's Project on the Predicament of Mankind." (1972): 458-460.
54) Turner, Graham M. "A comparison of The Limits to Growth with 30 years of reality." Global environmental change 18.3 (2008): 397-411.

형을 잡아야 하는데,[55] 정치적 환경 면에서는 장기적 혜택이 가시화되기 전에 정책 실행의 비용 부담이 먼저 드러나기 때문에 어젠다 설정뿐 아니라 실행이 어려워질 수 있다.

(2) 불확실성

기후변화의 영향은 정확히 예측하기 어려우며, 이에 따라 미래의 비용과 편익의 추정도 방법론적 불확실성뿐 아니라 현상 자체의 불확실성으로 인해 불확실하고 불특정적일 수 있다.[56] 이러한 불확실성은 정책 결정 과정에서 큰 문제를 야기할 수 있다. 즉, 기후모델의 예측이 정확하더라도 정책이 효과적으로 작동할지, 새로운 기술이 어떻게 발전할지에 대한 불확실성이 존재하기 때문이다.[57]

(3) 편익의 분배 불균형

기후변화 대응의 혜택은 세계적으로 고르게 분포되지 않게 된다. 기후변화에 가장 크게 영향을 받는 국가는 일반적으로 적응 능력이 낮고 경제적 자원이 부족한 개발도상국이지만, 주요 온실가스 배출원은 주로 경제 선진국이고, 이로 인해 대응 조치의 비용 부담은 특정 국가나 집단에 집중될 수 있고, 그로 인한 혜택은 다른 곳에 더 많이 돌아가는 불균형 문제가 발생할 수 있다.[58]

---

55) Tol, Richard SJ. "Equitable cost-benefit analysis of climate change policies." Ecological Economics 36.1 (2001): 71-85.
56) Mechler, R. Reviewing estimates of the economic efficiency of disaster risk management: opportunities and limitations of using risk-based cost?benefit analysis. Nat Hazards 81, 2121?2147 (2016)
57) Mouter, N., Annema, J.A. & van Wee, B. Managing the insolvable limitations of cost-benefit analysis: results of an interview based study. Transportation 42, 277?302 (2015)
58) Dennig, F. Climate change and the re-evaluation of cost-benefit

(4) 공공재의 성격

기후변화 대응은 전형적인 공공재 문제이다. 온실가스 배출 감축이나 환경 보호는 모든 국가가 혜택을 누릴 수 있는 글로벌 공공재적이나, 개별 국가나 기업은 자신들의 이익만을 고려해 비용을 지불하려 하지 않을 것이고[59], 이러한 문제는 국제적인 협력과 합의 없이는 대응 노력이 충분하지 않을 가능성을 시사하게 된다.

(5) 부문별 비용과 편익의 차이

기후변화 대응 정책은 다양한 부문에서 서로 다른 영향을 미치는데, 예를 들어, 에너지 전환 정책은 재생 에너지 산업에 긍정적인 영향을 주지만, 기존의 화석 연료 기반 산업에는 비용을 초래하게 된다. 이러한 부문별 이해 관계 충돌은 정책 실행의 어려움을 가중시키고[60], 기후 변화 대응의 수준과 정도를 제약할 수 있다.

(6) 미래 세대의 이익

기후변화 대응의 편익은 종종 미래 세대에 대한 투자의 성격을 갖는 것으로 표현된다. 즉 현 세대는 비용을 부담하고, 미래 세대가 혜택을 받는 구조인데, 이는 정책 실행의 정치적 정당성을 약화시킬 수 있다. 즉, 현재의 희생과 미래의 이익 사이의 세대 간 형평성 문제가 논란이 되게 되는 것이다.[61]

---

analysis. Climatic Change 151, 43?54 (2018)
59) JS Masur, EA Posner,"Climate Regulation and the Limits of Cost-Benefit Analysis",99 Calif. L. Rev. 1557 (2011)
60) Sunstein, C.R. The Availability Heuristic, Intuitive Cost-Benefit Analysis, and Climate Change. Climatic Change 77, 195?210 (2006)
61) K. Arrow, M. Cropper , C. Gollier, B. Groom, G. Heal, R. Newell, W. Nordhaus, R. Pindyck, W. Pizer, et. al., "Determining Benefits

기후변화 대응에서 비용과 편익의 문제는 정책의 경제적, 사회적 타당성을 분석하는 데 있어 중요한 요소임을 알 수 있다.

3) 향후를 위한 제언

앞의 부분에서 로마클럽의 논의부터 기존 시나리오의 한계들과 관련한 논점들을 살펴보았는데, 그동안의 전 지구적 국가적 노력들이 어느 정도 효과를 보고 있는 점도 부인하기 어려운 사실이다. 즉, 자원을 투입하면 CO_2 저감을 이룰 수 있다는 인과적 관계에 대해선 어느 정도 확신을 갖게 되었고, 다만 각국별로 어느 정도의 재원을 언제까지 투입할 것인지에 대한 합의가 어려운 반면, 기후변화의 속도는 예상보다 빠르게 진행되고 있다는 점이 불확실성의 요소인 것이다.

또한. 이산화탄소에 대한 인과적 정책적 기반이 어느 정도 마련됨에 따라서[62], CO_2는 상당 부분 정책적 통제 시기가 도래했고, 이제 통상적인 온실가스 통칭의 틀을 탈피할 시기가 되었다는 주장들도 나오기 시작하였다. 즉 메탄과 같은 NON-CO_2가 위기의 원인을 제공할 가능성에 대한 연구의 필요성이 제기되고 있다.[63] 또한 에너지, 산업 부문 아닌 부문, 즉 농업 중 축산, 서비스 산업 부문 등도 중요

---

and Costs for Future Generations":The United States and others should consider adopting a different approach to estimating costs and benefits in light of uncertainty. Science 26 Jul 2013 Vol 341, Issue 6144. pp. 349-350

[62] 김준모 산성비의 활용과 지역개발
[63] Kathleen A. Mar, Charlotte Unger, Ludmila Walderdorff, Tim Butler, "Beyond CO2 equivalence: The impacts of methane on climate, ecosystems, and Health", Environmental Science & Policy, Volume 134,2022, pp.127-136,
Montzka, Stephen A., Edward J. Dlugokencky, and James H. Butler. "Non-CO2 greenhouse gases and climate change." Nature 476.7358 (2011): 43-50.

해질 가능성이 제기될 수도 있는 것이다. 즉 기후 변화에 대한 인과적 지식과 가정에 대한 기본 가정을 너무 신봉할 때 가능한 오류들에 대해 점검할 시기가 되어 가고 있다.

이에 따라서 향후에는 기후 변화 대응의 속도 조절 능력과 누가 주도권을 갖게 되는가?의 이슈, 그동안 너무나도 당연시 여겨온 변수/상수 구분에 대한 재해석, 그리고 수요 측면에 대한 논의 부족을 개선해 나가는 것이 필요해지는데, 특히 미래 세대의 수요에 대한 반영이 긴요하다고 볼 수 있다.

제3장 가뭄과 기후변화 영향의 경제적 추계

제1절 가뭄과 기후변화 영향력 추계의 방법론

1. 주요국의 가뭄 및 기후변화에 대한 정책 기본 설계

미래의 불확실한 위험상황에 대비하는 여러 나라의 정책들이 존재하는 가운데, 선구적인 정부의 시책 중 하나는 영국정부의 National Preparedness Commission이다. 이곳에서 논의되는 키워드는 회복탄력성(resilience)을 포함하여 다음과 같이 제시될 수 있다.[64]

Disaster response
Governance and risk management
Government, policy and legislation
Organisational preparedness
Risk or threat domains
Societal preparedness

위에서 제시된 모든 요소들이 중요한 가운데, 본서의 맥락에서 강조되는 부분은 조직적인 준비와 위협의 영역(Domain)에 대한 것이다. 조직에 대한 논의는 본서의 제4장에서 기후 온난화에 대한 조직 설

---

64) https://nationalpreparednesscommission.uk/

계의 경제성에 대한 논의를 전개할 예정이고, 도메인에 대한 논의는 어떠한 영역에서 이러한 회색 코뿔소이면서도 검은 백조의 파급력을 갖는 위험을 인지하는가의 문제이다. 본서에서는 가뭄과 질병 영역에서의 어떠한 미래적 질환이 그 주요한 대상이라고 판단하고 있는데, 영국 정부 사이트에서도 Mitigating the risks of antimicrobial failure라는 부문이 설정되어 있는 점도 시사점을 주고 있다.

영국 이외에도 미국의 재난청(FEMA)이 발간하는 Nat'l Preparedness Report에도 기후변화에 대한 대목이 분명하게 나타나 있다.[65]

-Embed climate resilience into planning and management. Increase resilience of the environment to both acute climate shocks and chronic stressors.

-Mobilize capital, investment, and innovation to advance climate resilience at scale.

-Equip communities with information and resources needed to assess their climate risks and develop the climate resilience solutions most appropriate for them.

-Protect and sustainably manage lands and waters to enhance resilience, while providing numerous other benefits.

-Help communities become not only more resilient, but also more safe, healthy, equitable, and economically strong.

---

65) U.S. FEMA, 2023 National Preparedness Report p.4

영국/미국 공통점 언급

이러한 공통적인 기본 정책 구조 하에서 몇가지의 주요한 미래적 위협 요인 영역은 다음과 같이 정리 될 수 있다.66)

기후 변화

기후 변화의 예상되는 손실은 정량화가 가능하지만 빠르게 증가하고 있다는 점을 양국 모두 적시하고 있다. 기후 변화에 따라 더 강한 허리케인, 더 빈번한 산불, 집중호우와 홍수의 증가가 예상되며, 그간의 기후 모델링에도 불구하고, 기후 변화에 따라 불확실성도 커지고 있다는 점을 지적하고 있다.67) 전통적인 대처 방안은 위험의 분산이다.

사이버 공격

디지털 시스템이 성장하고 더욱 통합됨에 따라 예상되는 손실도 증가할 것으로 보이며, 대응을 위한 모델링 기법도 아직 초기 단계이기 때문에 불확실성이 상대적으로 높으며, 하나의 공격이 전 세계 시스템에 영향을 미칠 수 있기 때문에 위험을 분산시키는 것이 어려울 수 있는 특징이 있다.68)

---

66) ANNMARIE GEDDES BARIBEAU, "Understanding Threats: Gray Swans, Black Elephants, and Butterflies", 2021 Jan. 27th.
67) Kogo, BK; Kumar, L; Koech, Richard; Langat, P (2019). Modelling impacts of climate change on maize (Zea mays L.) growth and productivity: A review of models, outputs and limitations. CQ University. Journal contribution. https://hdl.handle.net/10018/1311717
68) Shackelford, Scott J. "On climate change and cyber attacks: leveraging polycentric governance to mitigate global collective

전염병

전염병으로 인한 손실 규모는 크고, 발생 빈도에 대한 불확실성이
존재한다. 현재의 전염병이 100년에 한 번 일어나는 사건이라는 기
준점으로 본다면, 기후 변화, 세계화, 그리고 진화하는 바이러스들로
빈도가 상승할 가능성이 있다고 보고 있다.[69] 재산-손해보험 관련하
여 전염병 관리 및 피해 보상에 대한 모델링은 아직 초기 단계에 있
으며, 전 세계적 유행병의 경우 자본 요구량이 매우 높아질 수 있고,
글로벌 스케일의 위험은 쉽게 분산되지 않기 때문에 자본 요구량이
과도하게 높아질 수 있다고 보고 있다.

2. 가뭄과 기후변화 영향력 추계의 방법론

가뭄과 기후변화의 영향력을 추계하는 데에는 각 학문 분과마다의
전통적인 방법론이 있게 되는데, 이들 학문 분과 간에도 어느 정도
공유되는 영역도 존재한다. 즉, 지금까지의 방법론에 의한 접근은
micro build up 방식으로 필자는 정리하고자 한다. 이 방식에는 방
대한 데이터가 집계되고, 이를 어떤 계량 모델링에 넣어 추계를 하게
되는데, 이 경우에도 오차가 존재하고, 정확도 면에서는 사실 개선의
여지가 많이 존재한다.[70]

본서에서 활용하고자 하는 접근법은 전자와 반대의 top down형

action problems." Vand. J. Ent. & Tech. L. 18 (2015): 653.
69) Cooper, David Heath, and Joane Nagel. "Lessons from the
pandemic: climate change and COVID-19." International Journal of
Sociology and Social Policy 42.3/4 (2022): 332-347.
70) Fadel, Sabah, et al. "Estimating climate influence of the potential
COVID-19 pandemic spreading in Algeria." (2022).

추계법이다. 본장의 후반부에 제시되겠지만, 정보 경제학에서 말하는 결정 가중치를 의사결정론에서 활용하는 방식71)으로 조사할 수 있다는 가정 하에서 일정 규모의 GDP 규모 대비한 임팩트를 구하는 방식이다.

이러한 Top Down 형 추계 방식에는 다른 나라의 유사 벤치마킹 예도 존재하며, 이미 다음절에서 소개할 인수 공통 질병 피해 규모 산정의 예처럼 기 활용된 예들도 있다.

이 경우에 적용 가능한 피해 범위의 예시들은 다음과 같이 제시 될 수 있다.72)

1) Loss of land/physical capital due to extreme climate/weather events.
2) Impact on public services, basic needs, and government expenditure.
3) Impact on the agricultural sector (Loss of Crop yields).
4) Loss of Labour productivity.
5) Tourism Loss.
6) Trade Loss.
7) Adaptation Costs.
8) Mitigation Costs.

---

71) Tversky, Amos, and Daniel Kahneman. "JUDGEMENT UNDER UNCERTAINTY Heuristics and biases." Knowledge: Critical Concepts 1.4157 (2005): 371.
72) Aida Hanic and Peter Hanic, PANDEMICS AND CLIMATE CHANGE: CLIMATE BLACK SWANS
Patz, Jonathan A., et al. "Impact of regional climate change on human health." Nature 438.7066 (2005): 310-317.

제 2절 비교 준거로서의 인수공통질병의 경제적 영향

본서의 앞장에서도 언급하였듯이, 향후에 나타날 기후변화의 양태는 복합 형태가 될 가능성이 크다. 즉, 기후변화로 인한 사회적 변화가 경제적 영역으로 전이되고, 추가적으로 보건 이슈가 크게 나타날 가능성이 있다. 이러한 복합적 재난 단계를 추정하는 것은 상당한 기간과 준비가 필요할 것으로 판단된다. 이러한 복합형의 경제적 영향을 보려면, 먼저 단일 유형으로부터 오는 영향력을 가늠해 보아야 하는데, 2절에선 질병 유형의 예시로 인수공통질병의 예를 본 후, 3절에서 기후변화의 단일 유형 사례를 가정하여 추정치를 논의해 본다.

1. 보건 분야 위협 요인의 예시: SARS와 웨스트 나일 바이러스 사례를 준거로 한 분석

Cost-benefit Analysis of Zooanthroponosis: A Case of SARS Impacting 0.15% of GDP

Estimating the Loss of GDP from Zooanthroponosis

질병, 질환의 경제적 피해를 산출하기 위해선, 전술한 바와 같이 대규모 데이터를 구축하거나, 아니면 탑 다운 형태의 추계를 해야 하는데, 전자의 경우에도 신뢰성에 대한 보장이 어렵고, 상황이 유동적인 경우, 상당한 공을 들이고서도 큰 오차를 낼 수 있는 리스크가 있다. 후자의 경우엔, 선행 사례가 있다면, 그야말로 매우 적확한 estimate 을 구하는 데 근접할 가능성이 생긴다. 호흡기 질환인 SARS의 경우,

캐나다의 사례에서 GDP 대비 0.15%의 피해를 미친 것으로 조사된 사례가 있었다. 이를 임상적 근거로 하여 바이오 헬스 즉, 의료 보건 분야의 위험이 발생하여 일정 기간 전파된 경우의 경제적 피해 추계를 GDP 대비 0.15%로 추산한 것이 제시될 수 있다.[73]

SARS나 중동 호흡기 질환, 웨스트 나일 모기에 의한 바이러스 등 전염병, 특히 인수 공통 전염병의 경우, 1회 발생 시 어느 정도의 경제적 피해가 야기되는지에 대하여 보건분야의 국제 학회와 국제 기구에서 지속적인 관심을 가져 오고 있는데[74], 이 논의에서의 결론은 국가 차원에서 GDP 대비 최소 0.15%에서 최대 2%의 피해를 당해 연도에 주게 되며, 한번 피해가 발생하면 재발 가능성 문제로 인하여 지속적인 예찰을 하게 되고, 한번 발생한 피해가 10년에서 20년간 지속적으로 경제에 영향을 주게 된다는 결론으로 요약 된다. GDP 2% 영향 받는 것을 Wong(2008)에 근거하여 추정 시, 관련분야를 집계할 경우로 인용할 수 있다.[75]

---

73) GDP 대비 0.15%는 통계학에서 말하는 Lower Bound Estimate에 해당된다.
   이에 관련된 기후변화 관련된 West Niles Virus 관련 논문으로는
   Wang, HR., Liu, T., Gao, X. et al. Impact of climate change on the global circulation of West Nile virus and adaptation responses: a scoping review. Infect Dis Poverty 13, 38 (2024).

74) Wong, R. and Siu, A. 2008 Counting the Economic Cost of SARS pp.213-220
   인수공통 질병의 경제성 분석에 관한 자료는 BK21 보고서 "인간, 병원체, 그리고 우리의 지구"(2012)에 제시된 해외 지표
   * 인수 공통 질병 발병시, GDP 대비 0.15% 저감 효과를 반영함. 이것은 캐나다의 SARS 단일 질병 사례임.
   * SARS 단일 질병 사례의 경우, GDP 대비 0.15% 저감 효과는 최저 값 범위이며, 최대치는 GDP 대비 2%로 보고된 바 있음.

75) Kim, Junmo "Comparing the economic effects of climate change and zooanthroponosis in Korea: Prerequisites for the creative economy?" Technological Forecasting & Social Change. Vol. 96.

이를 근거로 중앙정부의 정책 변화가 주는 피해도 같은 방식으로 추계한 후, 20년간 지속적인 비용으로 추정해 볼 수 있다. 캐나다의 사례에서처럼 SARS로 인해 GDP 대비, 0.15%의 손실을 보고한 바 있는데, 이 수치를 준거로 하여 국지적으로 SARS 나 다른 질병이 발생했을 경우의 주요 산업별 피해를 집계하여 0.15%의 피해가 오는 시나리오를 구성해 볼 수 있다.76)

각 산업별 수치는 정보경제학(information economics)과 인지 심리학에 근거한 조사 방식으로 수집할 수 있는데77), 본서에서는 시나리오 형태로 추정치를 구성해 본다.

과거의 historcial data를 활용하여 먼저 가상의 피해 영향도를 관련 산업 부가가치 창출 효과와 기대 이익률을 통해 산출해 볼 수 있는데,

* 관련 산업 부가가치 창출 효과 = 최근 1년간 GDP × 기대이익률
  o 기대이익률 = OOO로부터 GDP에 미치는 영향률 × 정보이용증가율 × 의사결정반영비율
  o 정보이용증가율은 투자심리저하율을 의미하며, 의사결정반영비율은 이 정보를 실제 경제활동에 활용할 가능성을 추정한 것이다.

추정치는 지역총생산액 (GRDP)의 0.15%와 2% 값을 먼저 구한

pp.121-129
76) Kim, Junmo "Comparing the economic effects of climate change and zooanthroponosis in Korea: Prerequisites for the creative economy?" Technological Forecasting & Social Change. Vol. 96. pp.121-129
77) 비교적 일정 규모에 이르는 설문을 통해 각 산업에 적용할 주요 결정에 미치는 확률에 대한 조사가 필요하다.

뒤, 0.15% 값과 2% 값이 도출될 수 있는 개연성 있는 각 경제부문
별 결정 가중치를 BOTTOM UP 방식78)으로 구하여 비교해 보아도
TOP DOWN값79)과 큰 차이가 없음을 알 수 있다. 탑 다운과 망라
적인 바텀 업 방식 모두 한계점이 있는 가운데, 본 서에서는 먼저 탑
다운 추계 값을 준거치로 활용하되, 이와 근접한 수치를 대표성 있는
경제 부문 섹터들의 데이터를 통하여 구하여 비교적 경량화된 바텀
업 방식 추계의 견실성을 보여 주고자 하는 것이다.

Expected rate of profit= impact from 0000 x information
usage increase rate x decision rate

여기서 활용되는 추계 방식은 정보경제학에서 제시해줄 수 있는
접근법인데, 질병의 경우에 적용해보면,

Impact from a disease = expected impact from disease x
information usage increase rate x decision rate

위와 같은 공식으로 변환할 수 있다. 여기서 정보 활용 증가율과
의사결정률은 조사를 통해 구하여 적용할 수 있는데, 여기서는 추정
치의 견실성을 예시로 제시해 본다.

---

78) BOTTTOM UP 방식은 각 부문 즉 농업, 제조업 등 각 부문에서 결정 가중치
    를 대입하여 합산하는 방식으로 0.15%와 2% 값을 예시로 구해 보는 방식임.
79) TOP DOWM 방식은 지역총생산액(GRDP) 액수에 바로 0.15%와 2%를 각각
    곱하여 단일의 수치를 구하는 것임.
    BOTTOM UP 방식에는 다양한 결정 가중치 예가 가능하나, 현실적으로 이러
    한 모습이라는 것을 예시하기 위한 예임.

● 표 추계3-1은 2012년 4분기부터 2013년 3분기까지의 1년간의 주요 산업 부문별 총생산액을 보여주며, 동 기간의 GDP 총액은 1304조원이다.[80] 제조업의 경우, 정보 경제학과 인지 심리학을 기반으로 구득된 데이터를 통해 만약 GDP에 대한 기대 영향치가 10%, 질병 발생에 대한 정보의 활용 증가율이 10%, 실제 이 정보들을 결정에 활용할 확률을 10%라고 평균적으로 답하였다면, 10% X 5% X 2%= 0.01%로 질병의 영향도를 계산하고, 이를 동 시기의 제조업 총생산액 364조 6715억원에 곱하여 약 364억 7천만원을 구하게 되는 시나리오이다.

---

80) 동 시기의 글로벌 전염병을 계기로 저자가 당시에 추계한 수치임.

〈표3-1〉 질병 사례의 GDP 기반 의사 결정 가중치 적용 피해 산정 예

(단위: 10억원)한국은행 자료

Sector	2012 4th Q	2013 1st Q	2013 2nd Q	2013 3rd Q	Recent 4Qtrs	Epected impact on GDP	Info usage increase rate	Decision rate	Impact of Disease	GDP Loss
Agriculture Fishery	8,194.1	6,819.4	7,065.2	7,461.6	29,540.3	10%	10%	15%	0.15%	44.31
Manufacturing	88,315.1	91,944.4	92,333.5	92,078.4	364,671.5	10%	5%	2%	0.01%	36.47
Electricity gas, Water	6,517.5	7,576.1	6,423.7	6,404.5	26,921.8	10%	5%	2%	0.01%	2.692
Construction	16,741.5	17,358.8	17,687.7	18,582.5	70,370.5	10%	5%	2%	0.01%	7.03
Wholesale Retail Restraurant hotel	31,445.3	30,900.1	31,291.3	31,779.6	125,436.3	10%	5%	10%	0.05%	62.71
Transportation Storage	10,527.2	11,125.3	11,280.4	11,307.0	44,239.9	10%	5%	5%	0.025%	11.05
Finance Insurance	19,466.3	18,487.2	18,501.9	18,349.6	74,805	10%	5%	2%	0.01%	7.48
Real Estate & Rental	20,441.8	20,396.9	21,040.3	21,226.5	83,105.5	10%	5%	2%	0.01%	8.31
Public secotr & Defense	18,352.7	19,362.3	19,297.2	19,767.7	76,779.9	10%	5%	2%	0.01%	7.68
Health & Social Welfare	13,445.9	13,924.6	14,337.8	14,742.1	56,450.4	10%	5%	2%	0.01%	5.65
Entertainment	3,969.9.	3,940.3	4,045.1	4,112.4	16,067.7	10%	5%	2%	0.01%	1.60
Total Value added	287,909.7	292,589.3	295,170.9	298,470.8	1,174,140.7					194,982
GDP(Mkt Price)	319,808.5	325,159.1	328,162.0	331,500.5	1,304,630.1					

위의 표를 기반으로 한 시나리오에서 GDP 대비 0.15%의 피해 총계는 약 1949억 원이며, 실제 조사치가 있다면 이 수치가 각 부분별로 배분되는 구조와 경험적 데이터를 활용하게 된다는 리얼리티를 부여하게 되는 것이다.

위의 표를 2024년의 GDP 수치로 갱신하여 대입하면 다음의 표를 산출할 수 있다.

즉 하단의 표에서 2023년-2024년 기준으로 갱신한 수치를 보면, GDP 대비 0.15%의 피해가 전염병으로부터 오고, 주요 업종 중 전염병에 취약한 주요 업종을 중심으로 추계한 결과는 다음의 표와 같이 제시될 수 있다. 먼저 표 3-2에선 GDP대비 0.015%의 예를 제시하고, 이 수치의 10배의 값을 GDP 대비 0.15% 수치가 된다.

〈표 3-2〉 GDP 대비 0.015% 피해 규모 가중치 배열 예시
(2013-2014 기간 결정 가중치를 적용한 경우)[81]

Sector	2023 3rd Q	2023 4th Q	2024 1st Q	2024 2nd Q	Recent 4Qtrs	Epected impact on GDP	Info usage increase rate	Decision rate	Impact of Disease	GDP Loss
Agriculture Fishery	8075.1	10697.4	7916.8	9600.8	36290.1	10%	10%	15%	0.15%	54.43
Manufacturing	160659.1	162202.7	157480.3	174294.8	654636.9	10%	5%	2%	0.01%	65.46
Electricity gas, Water	12505.9	13096.7	15480.3	14903.4	55986.3	10%	5%	2%	0.01%	5.59
Construction	33863.8	38565.5	26386.9	33609.1	132425.3	10%	5%	2%	0.01%	13.24
Wholesale Retail Restraurant hotel	64672.1	71300.9	66555.1	65420.8	267948.9	10%	5%	10%	0.05%	133.97
Transportation Storage	22783.1	24706.4	23280.6	23310.6	94080.7	10%	5%	5%	0.025%	23.52
Finance Insurance	35282.5	33266.5	35374.8	35031.5	138955.3	10%	5%	2%	0.01%	13.89
Real Estate & Rental	40092.6	39861.3	41470.7	42069.8	163494.4	10%	5%	2%	0.01%	16.34
Public secotr & Defense	40128.1	35757.2	40990.7	41363.8	158239.8	10%	5%	2%	0.01%	15.82
Health & Social Welfare	32396.8	34143.7	34690.8	34464	135695.3	10%	5%	2%	0.01%	13.56
Entertainment	25916.4	25676.6	29141.5	26265.5	106999.5	10%	5%	2%	0.01%	10.69
Total Value added	566493.8	587269.2	564574.7	590438.1	2308766					377.336
GDP (Mkt Price)	611097.6	632769.8	606213.9	634718.4	2484800					

(단위: 10억원)
Billion Korean won

81) GDP 대비 0.15% 값은 이 표의 값에 10배를 하여 도출함.

그러나, 앞에서 제시한 GDP 대비 0.15% 규모가 Lower Bound Estitmate에 해당되기 때문에 보다 현실적인 수치로 상향한다면, 어느 정도의 규모를 준거치로 할 것인가가 관심의 대상이 될 수 있다. 즉, 2023년 3분기부터 2024년 2분기까지의 1년기간을 기준으로 추정해 보면, GDP는 동 시기에 2484조 원 수준이고, 이 GDP의 1%는 248.4조 원이므로, 탑 다운 방식으로 바로 구하면 GDP의 0.15%는 3727.2십억 원, 즉 3조 7272억 원 수준으로 계산 되는데, 본 3-2 표에서 구한 값이 GDP 대비 0.015%이므로 10배를 하여 GDP 대비 0.15%는 3773.36 십억 원, 즉 3조 7천 7백 36억 원 수준으로 추정될 수 있다. 이는 위의 표 3-2가 세밀하게 추계된 의사 결정 가중치 예시이므로 여기에 10배한 수치인데, 이것을 탑 다운 방식으로 GDP 총계에 0.15%를 곱한 수치와 비교해 보면 탑 다운 도출 수치가 3조 773억 원 수준이어서 큰 차이가 없음을 알 수 있다. 즉 12개 섹터 기준으로 바텀 업으로도 추계할 수 있음을 보여 주고 있다.

위의 표에서 제시된 각각의 가중치들은 정보경제학이나 행동경제학에서 도출 가능한 가중치이며, 본 연구에서는 TOP DOWN 방식으로 역산하여 추정한 것이다.[82] 위의 GDP 대비 2% 적용 추계를 2023-2024년 기준의 수치로 갱신해 볼 수 있는데, 다음 표와 같이 제시된다. 즉 주요 산업에 대한 GDP 2%의 규모는 표 3-5에서 대략 50조 3100.2억 원 규모이다.

---

82) 실제로 일정 규모의 조사를 통해 가중치를 구하게 된다.

〈표 3-3〉 GDP 대비 0.02% 축계(예)[83]

Sector	2023 3rd Q	2023 4th Q	2024 1st Q	2024 2nd Q	Recent 4Qtrs	Epected impact on GDP	Info usage increase rate	Decision rate	Impact of Disease	GDP Loss
Agriculture Fishery	8075.1	10697.4	7916.8	9600.8	36290.1				0.2%	725.78
Manufacturing	160659.1	162202.7	157480.3	174294.8	654636.9				0.2%	872.82
Electricity gas, Water	12505.9	13096.7	15480.3	14903.4	55986.3				0.2%	74.64
Construction	33863.8	38565.5	26386.9	33609.1	132425.3				0.2%	176.56
Wholesale Retail Restraurant hotel	64672.1	71300.9	66555.1	65420.8	267948.9				0.2%	1786.2
Transportation Storage	22783.1	24706.4	23280.6	23310.6	94080.7				0.2%	313.59
Finance Insurance	35282.5	33266.5	35374.8	35031.5	138955.3				0.2%	185.26
Real Estate & Rental	40092.6	39861.3	41470.7	42069.8	163494.4				0.2%	217.98
Public secotr & Defense	40128.1	35757.2	40990.7	41363.8	158239.8				0.2%	210.98
Health & Social Welfare	32396.8	34143.7	34690.8	34464	135695.3				0.2%	180.9
Entertainment	25916.4	25676.6	29141.5	26265.5	106999.5				0.2%	142.66
Total Value added	566493.8	587269.2	564574.7	590438.1	2308766					4887.5
GDP (Mkt Price)	611097.6	632769.8	606213.9	634718.4	2484800					

(단위: 10억원) Billion Korean won
분수 반올림으로 월 계산표와 미세한 차이가 있음.

83) 이 표의 결정 가능치는 일괄보계 질병의 경우와 같고, 뒤에 나오는 가뭄의 예외는 다르다. 따라서 같은 연도의 GDP 하에서도 도출되는 피해 규모는 차이가 난다. 이 표에선 0.2% 값의 추계이므로, 2% 값은 10배를 함.

2. 기후 온난화의 추계에 대한 시사점

위의 표들을 통하여 기후변화의 현상들 중 하나인 전염병으로부터의 경제적 피해에 대한 개략적인 추계를 해보았는데, 일단은 규모를 작은 것으로 설정하여 오히려 현실감을 높이고자 한 의도가 있었다. 즉, 이렇게 작은 규모로 발병을 해도 이 정도의 임팩트가 주어지고, 본격적인 팬데믹이 발병한다면 그 규모에 대해선 계산의 문제로 규모를 짐작할 수 있을 것이다.

또한 기후변화의 징후이자 현상들은 개별 현상들간의 상호 작용으로 이른바 연쇄 반응이 커지게 되므로, 실제의 파괴력은 더 클 수 있다는 점을 지적할 수 있다. 이를 바탕으로 다음절에서는 본격적으로 가뭄의 경제적 영향을 같은 방법론을 적용하여 분석해 본다.[84]

제3절 가뭄과 기후변화의 경제적 영향

1. 가뭄 피해의 경제학

제2절에서는 질병에 의한 피해 추계를 제시하였는데, 이제 같은 틀을 GDP 대비 2% 경우 위 수치를 2023년 수치로 반영해 보면, 다음의 수치로 갱신된다. GDP 대비 5% 적용 시엔 그 규모가 상당해 진다.

---

84) 마찬가지로 가뭄의 피해를 본서에선 일잔 분리하여 분석하지만 실제론 가뭄과 질병이 동시 발생하는 경우엔 파급력은 기술된 내용의 범주를 두어 넘게 된다.

〈표 3-4〉 2023~2024년 GDP 대비 5% 추계의 틀

Sector	2023 3rd Q	2023 4th Q	2024 1st Q	2024 2nd Q	Recent 4Qtrs	Epected impact on GDP	Info usage increase rate	Decision rate	Impact of Drought	GDP Loss
Agriculture Fishery	8075.1	10697.4	7916.8	9600.8	36290.1				5%	
Manufacturing	160659.1	162202.7	157480.3	174294.8	654636.9				5%	
Electricity gas, Water	12505.9	13096.7	15480.3	14903.4	55986.3				5%	
Construction	33863.8	38565.5	26386.9	33609.1	132425.3				5%	
Wholesale Retail Restraurant hotel	64672.1	71300.9	66555.1	65420.8	267948.9				5%	
Transportation Storage	22783.1	24706.4	23280.6	23310.6	94080.7				5%	
Finance Insurance	35282.5	33266.5	35374.8	35031.5	138955.3				5%	
Real Estate & Rental	40092.6	39861.3	41170.7	42069.8	163494.4				5%	
Public secotr & Defense	40128.1	35757.2	40990.7	41363.8	158239.8				5%	
Health & Social Welfare	32396.8	34143.7	34690.8	34464	135695.3				5%	
Entertainment	25916.4	25676.6	29141.5	26265.5	106999.5				5%	
Total Value added	566493.8	587269.2	564574.7	590438.1	2308766					
GDP (Mkt Price)	611097.6	632769.8	606213.9	634718.4	2484800					

(단위: 10억원)
Billion Korean won
분수 반올림으로 원 계산표와 미세한 차이가 있음.

〈표 3-5〉 2023-2024년 GDP 대비 2%, 5% 추계[85]

	AF	AG	AH	AI	AJ	AK	AL	AM	AN
	Expected impact on GDP	Info usage increase rate	Decision rate	Impact of Disease	GDP LOSS	0.15%GDP	2%GDP	5%GDP	
	0.1	0.1	0.15	0.0015	54.43515	544.3515	7257.83855	18144.59637	총합어업
	0.1	0.05	0.02	0.0001	65.46369	654.6369	8728.27379	21820.6847	제조업
	0.1	0.05	0.02	0.0001	5.59863	55.9863	746.465338	1866.163345	전기 가스 및 수도사업
	0.1	0.05	0.02	0.0001	13.24253	132.4253	1765.62652	4414.066312	건설업
	0.1	0.05	0.1	0.0005	133.97445	1339.7445	17862.8134	44657.03355	도소매 및 숙박음식
	0.1	0.05	0.05	0.00025	23.520175	235.20175	3135.94493	7839.862332	운수업
	0.1	0.05	0.02	0.0001	13.89553	138.9553	1852.69101	4631.727537	금융 및 보험
	0.1	0.05	0.02	0.0001	16.34944	163.4944	2179.87084	5449.677088	부동산업
	0.1	0.05	0.02	0.0001	10.76297	107.6297	1435.02679	3587.566975	정보통신업
	0.1	0.05	0.02	0.0001	15.82398	158.2398	2109.81125	5274.528134	공공행정 국방 사회보장
	0.1	0.05	0.02	0.0001	13.56953	135.6953	1809.22543	4523.063587	의료 보건 및 사회복지서비스
	0.1	0.05	0.02	0.0001	10.69995	106.9995	1426.62433	3566.560834	ENTERT
				0	377.33603	3773.36025	50310.2122	125775.5305	
				0					
	0.1	0.05	0.02	0.0001	248.47997	3773.36025	49695.994	124239.985	

---

85) 이 가뭄의 추계에서는 사안의 심각성을 반영하여 결정 가중치가 질병 경우보다 높게 설정 된 예이다. 따라서 같은 2% 55의 값도 높게 도출된다.

위의 3-5표에선 주요 섹터간에 동일한 2%와 5%를 적용하였으나, 실제의 가뭄의 경우, 특정 섹터 즉 농업에는 보다 치명적인 타격이 이어지고, 그 뒤의 후속 여파가 미치게 되므로, 실제론 별도 조사가 요하겠으나, 추정에 의한 방법으로 분야간 의사결정 가중치의 차이를 반영하면 다음과 같은 추정치가 제시될 수 있다.[86]

먼저 아래의 분석표에서 전 산업 부문 중 11개에 가뭄의 임팩트가 집중된다고 가정하고, 2023년 3분기부터 2024년 2분기까지의 GDP인 2484799.7십억 원(약 2484조 8000억 원)이 대략 어떻게 배분되는지의 가능한 하나의 시나리오를 제시해 본 것이다.[87]

2. TOP DOWN과 BOTTO UP 방식 추계 규모의 비교

여기서 11개 주요 부문의 가뭄으로 인한 임팩트의 경제적 규모, 즉 피해 예상액은 GDP의 5% 피해 규모 일 경우, 약 124239.985십억원으로 즉 124조 2399억 8500만원 수준이 되는데, 이 수치는 전체 GDP에 5%를 적용한 탑 다운 방식의 수치이고, 이에 비견될 표에 나타난 버텀 업 방식의 주요 업종별 피해액 합계도 여기에 거의 근접하는 125775.5305 십억 원으로 125조 7755억 3050만 원 수준이다. 즉 간편한 계산을 위해 GDP 총액에 일정 비율인 5%를 적용한 수치와 망라적이지는 않지만, 상당 부분을 대표하는 주요 업종 방

---

86) 표5의 AF에서 AI 칼럼은 GDP 0.015% 추계를 위해 섹터별로 가상으로 배분한 설정인데, 이 경우, 탑 다운과 바텀 업 방식 추계간 오차가 매우 적은 가중치 구성의 예이다. 따라서 GDP 2% 추계는 이 0.015% 추계치에 130.33배를 곱하여 구한 것이 칼럼AL이다. 동일 방법으로 5%를 구한 것이 AM 칼럼이다.
87) 페이지 지면상 소숫점 밑을 버린 합계의 경우, 총 합계와 차이가 있음. Raw data 상으론 소수점까지 반영함.

식의 버텀 업 방식 추계를 통해 정보 경제학의 수치를 적용한 경우의 오차가 크지 않다는 점이 주목할 만하다.88)

BOTTOM UP 방식으로 10%를 추계할 경우, 249026.8십억 원 (249조 268억 원) 수준이며. 이는 탑 다운 방식으로 구할 때의 동시기의 1년간의 GDP가 2484799.9 십억 원(2484조 7999억 원)이 었으므로, 10% 수치인 248조 7999억 원 대비 다른 접근 방식임에도 큰 차이는 나지 않고 있다. 즉 버텀 업으로 구한 수치가 대략 10.02%로 도출된다. 즉, 실제로는 더 세분화된 하위 업종까지 의사결정에 관한 수치들이 배분될 수 있겠으나, 큰 분류 기준 대로만 본다면, 이 12개의 산업 부문에 각각 피해액이 추정되고, 이 금액들은 TOP DOWN 방식으로 GDP 대비 10%를 구한 값에 거의 수렴되고 있다. 하단의 표 6은 의사결정치 적용의 다른 예를 추가로 더 예시한 것이다.

〈표 3-6〉 집계 비교표

	Top Down 방식 추계 2023년 3분기-24년 2분기 기준	Bottom Up 방식 추계 2023년 3분기-24년 2분기 기준 기준
GDP 5% 피해의 경우	GDP 추계액 2484조 7999억원의 5% = 124조 2399억 8500만원	표3-5의 11개 부문 추계액 = 125조 7755억3050만원
	1조 535십억 5455만원 차이= GDP 대비 0.061%	차이가 크지 않으므로 12개 섹터의 대표성이 어느 정도 확보됨.

---

88) 각 산업 섹터별 의사 결정 가중치를 적용하는 과정에서 오히려 총 피해액이 탑 다운 집계 수치보다 근소하게 증가하였다. 이러한 BOTTOM UP 추계는 가능한 여러 가능성 중의 한 예시이고, 이러한 추계방식의 robustness를 보여 주는 것이다. 즉, 타 다운 방식과 큰 차이가 없다는 점이다.

<표 3-7> GDP 대비 0.0197% 추계 예시

Sector	2023 3rd Q	2023 4th Q	2024 1st Q	2024 2nd Q	Recent 4Qtrs	Epected impact on GDP	Info usage increase rate	Decision rate	Impact of Drought	GDP Loss
Agriculture Fishery	8075.1	10697.4	7916.8	9600.8	36290.1	50%	70%	80%	0.288[89]	10161
Manufacturing	160659.1	162202.7	157480.3	174294.8	654636.9	30%	70%	50%	0.105	68376
Electricity gas, Water	12505.9	13096.7	15480.3	14903.4	55986.3	40%	70%	50%	0.14	7838
Construction	33863.8	38565.5	26386.9	33609.1	132425.3	40%	70%	50%	0.14	18539
Wholesale Retail Restaurant hotel	64672.1	71300.9	66555.1	65420.8	267948.9	30%	70%	70%	0.147	39388
Transportation Storage	22783.1	24706.4	23280.6	23310.6	94080.7	30%	30%	40%	0.036	3386.9
Finance Insurance	35282.5	33266.5	35374.8	35031.5	138955.3	40%	70%	70%	0.196	27235.2
Real Estate & Rental	40092.6	39861.3	41470.7	42069.8	163494.4	30%	30%	40%	0.036	5885.7
Public secotr & Defense	40128.1	35757.2	40990.7	41363.8	158239.8	30%	80%	70%	0.168	26584.2
Health & Social Welfare	32396.8	34143.7	34690.8	34464	135695.3	50%	70%	70%	0.245	33245.3
Entertainment	25916.4	25676.6	29141.5	26265.5	106999.5	30%	50%	50%	0.075	8024.9
Total Value added	564934.8	587269.2	564574.7	590438.1	2308766					4887.5
GDP (Mkt Price)	611097.6	632769.8	606213.9	634718.4	2484800					

(단위: 10억원) Billion Korean won
소수 반올림으로 합 계산표와 미세한 차이가 있음.

89) 0.28은 Epected impact on GDP 0.5 * Info usage increase rate 0.7 * Decision rate 0.8을 곱한 값이다. 표에 가독성을 위해 %로 표시한 것이고, 실제론 자연수로 변경하여 곱하여 가뭄의 임팩트값을 구한다.

표 3-7은 또 다른 추계 예시로서, 질병 경우에 도출된 피해 규모가 도출되려면 어느 정도의 의사결정 가중치가 나와야 하는지를 보여 주는 예이다. 2023-2024 기간의 GDP 대비 0.0197% 추계 예시가 되는데, 질병 사례에서의 0.02%와 같은 피해약 규모가 나오기 위해선 매우 높은 결정 가중치가 나와야 함을 알 수 있다. 즉 해당 부문의 의사 결정 주체들이 받아 들이는 심각도가 극히 높음을 시사한다.

제4절 대응 조직의 이슈들

현상으로서의 가뭄과 기후변화의 피해 규모를 경제성이라는 관점에서 볼 수 있다면, 이에 대한 대비책으로서 강구되는 조직 대안들도 이에 대한 경제성이 논의되는 것이 타당한 수순이 될 것이다. 이를 위해 먼저 연구 집중형 조직의 필요성, 일반적인 조직 설계의 논리를 살펴본 후, 조직의 경제성의 시론적 논의를 제시해 본다.

1. 연구 집중형 조직: R&D 관리조직의 필요성

□ 체계적인 연구전문기관 설립에 대한 타당성

R&D 관리부서의 조직 체제 측면에서는 지금까지는 R&D 부서의 요청에 대해 신속하게 지원하고 R&D 관리층이 요구하는 필요 정보

를 제공하는 정도의 수준이면 되었으며, R&D 관리부서의 본질적인 업무인 R&D 관리 관련 업무보다는 각종 보고회 자료 준비 및 작성, 관련 부문에 자료 제공, 연구소의 단순 지원, 긴급한 단기 현안 중심의 연구소장 지시 사항 수행 업무 등이 대부분을 차지해왔다.

이렇게 역할 수행 수준이 만족스럽지 못한 이유로 가장 크게 나타나는 것은 조직 차원에서 R&D 관리부서가 어떤 권한과 책임을 가지고 어떤 역할을 수행해 주어야 하는지에 대한 컨센서스가 없다는 점이다. 두 번째의 원인은 현재 대부분 조직의 R&D 관리부서가 단기현안 등 긴급 업무를 우선시하는 데 있고, 세 번째 원인은 R&D 관리부서 인력의 적절한 구성과 역량 확보의 미흡을 들 수 있다. 90)

공공 연구 및 집행조직의 경우에는 이러한 문제점을 모두 가지고 운영되는 형태이다. 공공 연구 및 집행조직은 R&D가 장기적인 계획에 의하여 운영되기보다 기관장의 변화에 따라 관심 사항이 변화되고, R&D운영 관리는 R&D 운영에 전담하는 것이 아니며, 전문성의 배제로 인하여 부서의 이동이 심하여 원래 추진하고자 하였던 R&D의 기획 목적과 진행, 결과의 활용이 담당자의 변경에 따라서 다르게 사용되기 때문에 R&D의 효율적인 운영이 이루어지지 않고 있다. 특히 R&D 예산이 커지고, 연구분야가 확대될 경우 R&D 예산이 효율적으로 운영되지 못하고, 연구결과도 충실도가 떨어지게 된다. 즉, R&D목적과 역할에 따라서 R&D 운영 조직이 필요하고 이러한

90) Albors Garrigos, Jose, Noemi Zabaleta, and Jaione Ganzarain. "New R&D management paradigms: rethinking research and technology organizations strategies in regions." R&d Management 40.5 (2010): 435-454.

운영조직은 예산 및 연구분야의 크기에 따라 R&D 운영 방법이 달라져야 한다.[91]

위의 문제점에 따라, 연구관리의 효율화를 위해 "R&D를 성공시키기 위한 다양한 지원 업무 수행과 통제 권한을 보유 하고 있는 R&D 관리 전문 조직"이라고 정의되는 R&D Management Office(RMO)가 요청되는데[92]. RMO의 수준에 따라 총 5단계로 논의된다. 1단계 R&D 감독, 2단계 R&D 통제, 3단계 프로세스 지원, 4단계 성숙된 업무, 5단계 전략과의 연계 관점에서 RMO 조직의 역량 성숙도를 단계별로 제시해 볼 수 있다.

91) Levinson, Nanette S., and David D. Moran. "R&D management and organizational coupling." IEEE Transactions on Engineering Management 1 (1987): 28-35.
92) Chiesa, Vittorio. "Global R&D project management and organization: a taxonomy." Journal of Product Innovation Management: An International Publication of the Product Development & Management Association 17.5 (2000): 341-359.

〈표 3-8〉 RMO 역량 진화 단계[Gerard ,2004의 PMO 이용]

단계	핵심업무	목표	R&D 관리범위	인력구성
Level 1	R&D 감독	비용, 일정, 자원활용을 위한R&D산출물 및 목적달성	1~3개의 R&D	-1명의 R&D관리자
Level 2	R&D 지원	모든R&D에서 사용할 수 있는 재사용이 가능한 R&D 관리 방법론 및 표준 제공	다수의 R&D	- **다수의** R&D 관리자 - **비상근 RMO지원인력**
Level 3	R&D 통제	단일한 R&D 환경 구축을 지원 및 통제를 위한 기반과 역량 구축	다수의 R&D 관리	-다수의 PM -프로그램 관리자 -**프로그램 관리 담당 임원** - **상근 비상근으로** RMO인력구성
Level 4	업무 성과 지원	연구 관리조직의 목적을 달성하기위한 통합되고 응집력있는 R&D 관리역량 확보	다수의 R&D	-다수의 PM -프로그램관리자 -RMO Director -**RMO 지원 인력 상시 확보**
Level 5	전략 연계	전략적 사업목표를 달성하기 위한 타부서간 협업 관리	다수의 R&D	- 다수의 프로그램 - 부사장 또는 R&D 관리담당임원 -상시 RMO 조직 및 인력확보 - **조직 수준적인 지원인력 체계**

이 논의를 공공 연구 및 집행조직에 적용해보면, Level 1,2는 공공 연구 및 집행조직 내에서 운영하는 것이 효율적일 수 있으나 Level 3를 넘어가면 운영조직을 분리할 필요가 있으며, Level 5에서는 전문 운영조직이 필요하다. 이러한 단계별 구분을 적용할 때의 기준이 바로 R&D의 규모이며 이러한 R&D의 규모는 예산으로 파악할 수 있다.

2. R&D 활동과 지표관리

조직에 있어서 R&D 활동의 중요성은 기술 개발 속도가 빠른 부문의 경우에는 더욱 커진다. 그러나 우리나라 대부분 연구 관리조직의 경우 R&D 활동의 중요성을 수긍하지만 이를 믿음대로 실행하는 연구 관리조직들은 그리 많지 않다. 이런 주된 이유는 R&D의 특성이 투자 대비 효과를 파악하는데 오랜 시간이 걸리고, 눈에 보이지 않는 활동을 관리한다는 것이 쉽지 않기 때문이다. 일반적인 생산이나 경영 등과는 차별화된 관리 방식으로 R&D부문의 특성을 반영하여 사업 및 기술성과를 극대화 할 수 있도록 R&D 활동을 관리하는 것이 필요하다.[93]

단편적인 지표 관리 중심에서 통합적인 관리로

R&D 지표의 관리 활동에서 발견되는 몇 가지 문제점이 있는데, 첫째는 지표 체계가 개별 지표 중심으로 매우 단편적으로 운영되고 지표 간 연관 관계를 보려는 노력이 미흡하다는 점이다. 둘째는 프로젝트 일정 및 예산 목표 달성도 등 연구소 내부 지표 중심으로 운영을 하다보니 실제는 조직의 성과 창출에 기여도가 낮은 지표 중심으로 관리가 이루어지고 성과보다는 집행에 중심을 둔 관리가 이루어지고 있다는 점이다.[94] 셋째는 대부분의 지표 관리가 일정 시점을

93) Bakhshi, Priti, et al. "Quantification system for key performance indicators of R&D projects pertaining to public sector." International Journal of Public Sector Performance Management 13.1 (2024): 42-57.

94) Meier, Andre, and Alexander Kock. "Agile R&D units' organisation and its relationship with innovation performance." R&D Management 54.3 (2024): 496-512.

기준으로 관리되는 경향이 강하기 때문에 언제 관리하느냐, 누가 담당자냐에 따라 결과 활용 시 사실에 대한 왜곡 현상이 발생하고 있다는 점이다.

R&D 관리자들이 R&D 부문을 관리하기 위한 지표의 문제점들을 극복할 수 있는 방향으로 구축되어야 한다. 즉, R&D 관리층 및 관리자들 조직이 지향하는 전략이나 목표를 연구 개발 현장에 일관성 있게 전파/지원/모니터링 할 수 있도록 통합성, 타당성, 시계열성 제고 차원에서 관리 지표 체계를 구축해야 한다.

여기서 통합성이란 관리 지표 체계가 전체적인 관점에서 균형감 있게 설정되고 지표 간 연관 관계가 제대로 파악될 수 있도록 구축되어야 하는 것이며, 타당성이란 조직 수준 목표 달성에 기여도가 높은 핵심 관리 지표를 중심으로 R&D 부분의 성과를 선행 관리함으로써 연구소 내부 지표뿐만 아니라 사업화 기여도, 사업부 고객 만족도 등 연구소 외부 지표도 균형 감각을 가지고 지표 체계가 구축되어야 한다는 점이다. 시계열성은 지표별 관리 주체를 명확히 설정하고 지속적으로 관리하여 추세 분석 등 체계적으로 활용해야 한다는 것이다.[95]

R&D 관리 지표를 제대로 설정/운영하기 위해서는 크게 어느 대상을 중점 관리할 것인가와 어떻게 운영할 것인가를 주요 관심사로 고민해야 한다. 무엇을 중점 관리할 것인가의 문제는 관리 지표의 체계를 설계하여 포함되어야 할 관리 지표들을 명확히 설정하는 것을 의

---

95) Hao, Xiaoli, Shufang Wen, and Qunchao Wan. "How does managerial ability affect R&D efficiency of emerging-economy high-tech enterprises." Technology Analysis & Strategic Management (2024): 1-15.

미하고, 어떻게 운영할 것인가의 문제는 개별 지표별 관리/활용 방안 등 운영 프로세스를 명확히 정립하는 것을 말한다.[96]

R&D 활동의 지표별 특성

이러한 R&D 활동 흐름상에서 연구 인력 수, R&D 투자액 등 Input을 관리하기 위한 지표를 Input 지표, 프로젝트 관리, 특허 관련 등 연구소 내부에서 일어나는 활동 및 Output을 관리하기 지표를 In-process 지표, 기술 이전, 영업, 기획, 생산 등 관련 부문과의 연계 활동을 관리하기 위한 지표를 Out-process 지표, 사업화 기여도 등 구체적으로 Outcomes를 관리하기 위한 지표를 Outcomes 지표라고 정의할 수 있다.[97]

Outcomes 지표는 크게 재무 지표와 비 재무 지표로 구분할 수 있다. 재무 지표에는 신제품 매출/이익 비중, 원가 절감율, 기술료 지급/수입액, R&D 생산성, 신제품 시장 점유율 등이 포함될 수 있고, 비재무 지표에는 외부 고객 만족도, R&D 투자 비용 회수 기간, 프로젝트 사업화율 등이 포함될 수 있다.

Out-process 지표는 크게 포트폴리오 관련 지표와 기능 간 연계 관련 지표로 크게 구분할 수 있다. 포트폴리오 관련 지표에는 현 수행 프로젝트의 총 현재 가치, 제품 개발과 기술 개발 프로젝트 비중,

---

96) Liu, Zhiqiang, Muammer Ozer, and Kong Zhou. "The role of status diversity in the innovative performance of R&D teams." R&D Management 54.1 (2024): 60-75.
97) Moleka, P. I. T. S. H. O. U. "Innovation Metrics for the 21st Century: An Innovationology - based Comprehensive, Multidimensional Framework." International Journal of Social Sciences and Management Review 7.5 (2024): 199-210.

자체 개발과 아웃소싱 프로젝트 간 비중, 프로젝트 승인률, 장/단기 프로젝트 간 비중, 사업화 프로젝트 당 R&D 예산, 사업부/연구소별 프로젝트 비중 등이 포함될 수 있다. 한편 기능 간 연계 관련 지표에는 기술 이전 건수 및 수준, 내부 고객 만족도, 다가능팀을 활용한 프로젝트 비중 등이 포함될 수 있다.

In-process 지표는 프로젝트 관련 지표, 연구 인력 관련 지표, 지식 자산 관련 지표, 연구소 조직 운영 관련 지표 등 크게 4부분으로 나눌 수 있다. 프로젝트 관련 지표에는 프로젝트 완료율 및 중지율, 진행 및 완료 프로젝트의 목표 달성도, 프로젝트 목표 변경 횟수 및 시기 등이 포함될 수 있다. 연구 인력 관련 지표에는 연구원 이직률, 직무 만족도, 보상 수준, 연구원 1인당 교육 시간, 연구원 1인당 생산성, 논문 등 연구원 대외 활동 실적, 교육 훈련 예산 집행율 등이 포함될 수 있다. [98)]

지식 자산 관련 지표에는 지적 자산 건수 및 수준, R&D 부문에 정보 기술 투자 수준, 정보 기술 효과 및 구성원 사용 만족도, 지식 자산 관리 프로세스 구축 정도 등이 포함될 수 있다. 마지막으로 연구소 조직 운영 관련 지표에는 연구소 운영(신속성, 유연성, 수행 직무 가치, 커뮤니케이션, 혁신성 정도 등)에 대한 연구원의 만족도, 연구소장 및 실장의 리더십에 대한 연구원들의 만족도 등이 포함될 수 있다.

Input 관련 지표에는 연구 인력 수, 시설비, 시험 연구비 등을 포

---

98) Vetsikas, Apostolos. "Assessing the Performance of National Innovation Systems with a Helix-Based Composite Indicator: Evidence from 24 European Countries." Eastern European Economics 62.1 (2024): 18-49.

함하는 연구 개발 투자액, 연구 지원 인력 수, 제안 아이디어 수 등이 포함될 수 있다. 종합하면 Outcomes 지표는 결과 지표, 나머지 지표는 결과의 원인이나 Trade-off 관계를 설명해주는 과정 지표라고 할 수 있다.99)

위에서 언급한 지표들을 모든 조직에서 동일하게 지표로 설정하여 관리할 수는 없으므로 적합한 지표를 취사 선택하여 관리/운영해야 한다. 체계에 포함되는 구체 개별 지표들은 해당 조직을 둘러싸고 있는 사업 및 기술(변화 속도, 기술간 시너지 정도 등)의 특성, 조직 구조/운영(기능식 vs. 사업부제이냐, 중앙 집중식vs. 자율 경영식이냐 등) 특성 등을 고려해야 한다.

관리 중요성, 통제 가능성, 측정 가능성

지표 설정 시에는 관리 중요성, 통제 가능성, 측정 가능성 등을 고려하여 개별 지표를 설정해야 하며, 여기서 관리 중요성이란 연구 관리조직이 추구하는 전략 방향에 부합하고 R&D 활동을 대표할 수 있는 핵심 요인을 중심으로 지표가 설정되어야 함을 의미한다. 통제 가능성은 R&D 관련 부문이 자신의 권한과 책임 하에 직접 통제할 수 있는 요인을 중심으로 지표를 설정해야 함을 의미한다. 측정 가능성은 정보에 대한 접근/수집과 측정 가능성이 상대적으로 높은 항목 중심으로 설정해야 함을 의미한다. 그러나 여기서 주의해야 할 점은 측정 가능성만을 지나치게 강조하다 보면 관리 중요성이나 통제 가능

---

99) Ahmad, Shamraiz, Tiberio Daddi, and Fabio Iraldo. "Integration of open innovation, circularity and sustainability: A systematic mapping of connections, analysis of indicators and future prospects." Creativity and Innovation Management (2024).

성이 높은 지표임에도 불구하고 기각될 수 있으며 그 반대의 경우도 발생할 수 있으므로 3가지 요소를 일정 수준 이상 충족시키는 지표를 발굴하여 관리하기 위해서는 나름대로 많은 고민이 필요하다.

따라서 자신의 조직에 맞는 R&D 관리 지표의 체계를 설계하기 위해서는 먼저 조직이 속한 사업/기술, 조직 특성을 정확히 알아야 하고 관련 부문의 담당자간에 서로 만나 충분한 시간을 갖고 밀도 있는 논의를 해야 한다. 100)

R&D 관리 지표의 체계 및 지표가 도출되었으면 도출된 각 개별 지표를 어떻게 관리할 것인지를 검토해야 한다. 각 지표를 제대로 관리하기 위해서는 관련 부문 담당자들과의 밀도 있는 논의를 통해 지표별로 적용 시점, 지표의 의미. 계산 방법, 적용 대상, 관리부서, 관리 주기, 필요 데이터, 전제 조건 등을 명확히 도출해야 한다. 도출된 관리 지표의 결과들은 1차적으로는 추세 분석에 활용한다. 즉, 몇 년간, 혹은 몇 개월간의 결과들을 시계열로 검토하여 결과가 좋았다면 왜 좋았는지, 반대로 결과가 나빴다면 왜 나빴는지 등 현상에 대한 원인 분석 및 이에 대한 대책 수립의 기초 자료로 활용한다. 특히 여기서 간과해서는 안될 점은 개별 지표에 대한 추세 분석뿐만 아니라 2개 이상의 관리 지표를 함께 검토하여 지표간의 인과 관계 및 Trade-off 관계들도 살펴보아야 한다는 점이다.101)

100) Tarasenko, Svitlana Viktorivna, et al. "A system of indicators for selecting innovation triggers to drive sustainable development." (2024).

101) Alexeeva-Alexeev, Inna, and Cristina Mazas-Perez-Oleaga. "Do ICT firms manage R&D differently? Firm-level and macroeconomic effects on corporate R&D investment: Empirical evidence from a multi-countries context." Technological Forecasting and Social Change 198 (2024)

3. R&D 관리부서의 역할정비 방안

R&D 프로젝트를 제대로 관리하기 위해서는 R&D 관리부서의 역할이 매우 중요하다. R&D 프로젝트 관리 기능은 매출, 이익 등 수익 창출 및 조직 내부의 지식/경험의 확대 재생산을 위해 제조 연구 관리조직에서 관리해야 할 중요 기능이다. R&D 프로젝트 관리 기능은 크게 포트폴리오 관리 기능과 개별 프로젝트 관리 기능으로 나눌 수 있다. 포트폴리오 관리 기능이란 시장성, 경제성, 기술성 측면에서 수익 및 위험을 체계적으로 평가하여 유망한 프로젝트를 선정하고 선정된 프로젝트별 자원 배분을 전략적으로 수행하여 프로젝트의 선택과 집중을 정기적으로 검토하는 과정이라고 할 수 있다. 개별 프로젝트 관리 기능은 선정된 프로젝트별로 주어진 자원을 가지고 가장 효율적으로 프로젝트를 운영하는 것으로 연구 인력과 기간, 비용 등의 제한된 자원을 활용하여 목표로 하는 기술 및 연구성과를 극대화하는 과정을 관리하는 것으로 정의할 수 있다.[102]

R&D 관리부서의 조직 체제 측면에서는 지금까지는 R&D 부서의 요청에 대해 신속하게 지원하고 R&D 관리층이 요구하는 필요 정보를 제공하는 정도의 수준이면 되었으나, 이제는 R&D 관리부서 구성원들의 역량 부족 문제는 크게 프로젝트 관리 등 실제적인 R&D Management 관련 업무 경험이 그리 많지 않다는 점과 교육 훈련 시간 및 내용이 절대적으로 부족하다는 점으로 요약할 수 있다.

두 번째로는 R&D 관리부서가 지향해야 할 역할에 대한 관리층 등

---

102) Hao, Xu, et al. "Toward Carbon Neutral Road Transport: Development Strategies and New R&D Organizational Paradigms." Automotive Innovation (2024): 1-16.

조직 내부 구성원 간 컨센서스가 이루어지면, R&D 관리부서가 어떤 조직 구조의 형태를 가지고 역할을 수행할 것인가를 결정해야 한다. 조직 구조 형태는 중앙 집중형, 분권형, 절충형 등 크게 3가지 유형으로 나눌 수 있다.[103]

중앙 집중형은 여러 개의 연구소를 하나의 R&D 관리부서에서 지원 및 관리하는 조직 형태이며, 분권형은 연구소별로 R&D 관리부서를 두고 이 부서가 각 연구소의 제반 지원 및 관리를 하는 조직 형태이다. 또한 절충형은 위에서 언급한 두 가지를 결합한 형태로 중앙 및 개별 연구소에 R&D 관리 부서를 모두 두고 연구소 소속의 R&D 관리부서는 주로 연구소 관리 및 지원 기능을 담당하고 중앙에 있는 R&D 관리부서는 연구소 전체를 총괄하는 기능 및 R&D 부서를 관할하는 기능을 담당하는 조직 형태이다.

개별 연구 관리조직에 맞는 R&D 관리 조직 구조 형태는 R&D 관리부서가 지향해야 할 역할 방향, 연구소장의 R&D 관리자로서의 역할 강화 정도, R&D 관리 인력의 전문성 확보/강화 정도. 추가 투입 자원(인력, 예산 등) 필요 정도 등을 종합적으로 고려하여 결정해야 한다.[104]

공공 연구 및 집행조직은 지원 중심의 역할을 수행하도록 조직 내 구성원 간 컨센서스가 형성되었고, 연구소장의 R&D 관리자로서의

103) Agnihotri, Arpita, and Saurabh Bhattacharya. "CEO competitive aggressiveness and relative R&D investment." Technology Analysis & Strategic Management 36.1 (2024): 137-151.
104) Satı, Zumrut Ecevit. "Comparison of the criteria affecting the digital innovation performance of the European Union (EU) member and candidate countries with the entropy weight-TOPSIS method and investigation of its importance for SMEs." Technological Forecasting and Social Change 200 (2024): 123094.

역할을 강화하고 R&D 관리 인력의 전문성 확보/강화에 높은 관심을 가지고 있고, 추가 투입 사원 규모를 적정 수준에서 유지하기를 원한 다면 분권형 조직 구조가 적합하다고 할 수 있다.

업무 재조정

R&D 관리부서의 역할 및 기능 정립을 위한 해결 과제는 업무 재조정이다.업무 재조정은 기존의 R&D 관리부서에서 수행하고 있는 업무들을 직무 분석, 구성원 인터뷰 등을 통해 총제적으로 파악하여 정립된 역할이나 조직 구조에 맞게 업무들을 재정비하는 것이다.[105] 업무 재조정 과정을 통해 유지해야 할 업무, 강화해야 할 업무, 효율화해야 할 업무, 타 부서로 이관해야 할 업무, 신규로 수행해야 할 업무 등으로 구분을 한다. 업무 재조정 과제를 수행할 때 중요한 것은 업무 재조정 원칙을 명확히 설정하여 이에 기초하여 세부 업무들을 재조정해야 한다는 것이다.[106]

리엔지니어링

R&D 관리부서 업무 재조정과제를 진행하다 보면 일반 관리 업무들은 업무 효율화 대상으로 도출되고, 프로젝트 관리 및 기획 관련 업무들은 집중 강화해야 할 대상 업무들이 되고, 역할 수행에 관계가

---

105) Raj, Rohit, Vimal Kumar, and Elizabeth A. Cudney. "Relating the strategic role of technology orientation in organizational TQM performance." Total Quality Management & Business Excellence 35.3-4 (2024): 341-371.

106) Todosiychuk, A. V. "Scientometric Indicators in the System of Evaluating Scientific Performance and Work." Scientific and Technical Information Processing 51.2 (2024): 154-160.

적은 업무들은 유관 부서로 이관되는 모습으로 정리되는 경우가 많다. 일반 조직에 적용 가능한 조직 재설계의 한 방법인 리엔지니어링은 연구 조직과 연구 관리 조직에도 적용이 가능한데107), 대표적인 기법 몇 가지를 살펴 보면 다음과 같다.

프로세스 재설계

프로세스 재설계의 주요 목적은 프로세스 매핑 단계에서 확인된 핵심 성과 지표(CTPs)와 핵심 품질 요소(CTQs)를 개선하는 것이다. 재설계는 프로세스 분석 중 확인된 다음 항목들을 검토함으로써 이루어질 수 있다108)

중복성

반복 작업

비효율성

병목현상

불필요한 활동

부가가치를 창출하지 않는 활동

재설계 과정에서는 법적 문제, 정보기술(IT) 및 기술적 기회, 프로세스의 조직적 제약을 고려해야 하는데, 프로세스 재설계의 주요 원

---

107) Wang, Chia-Nan, et al. "Improving processing efficiency through workflow process reengineering, simulation and value stream mapping: a case study of business process reengineering." Business Process Management Journal (2024).
108) Sadri, Sahar. "Investigating the Effect of the Mediating Role of Process Re-engineering and Total Quality Management on the Business Value of Information Technology."

칙은 다음과 같다.109)

- 가능한 한 낭비 및 부가가치가 없는 활동 제거
- 결과 중심으로 조직화하고, 지리적으로 분산된 자원을 중앙 집중식으로 운영
- 근원에서 품질 확보를 한다. - 실수를 방지하는 프로세스 설계, 모범 사례 표준화, 정보의 디지털 형태 초기 수집
- 다기능 작업자 교육 및 활용 기회 탐색
- 준비 시간 및 대기 시간 단축
- 병렬 처리 활용
- 자동화 및 적합한 기술 적용
- 시각적 프로세스 제어 시스템 사용
- 지속적인 개선 역량 및 사고방식 구축 등이 제시될 수 있다. 110)

프로세스 재작업 및 셀프 서비스

프로세스 재작업은 프로세스 자체를 변경하는 것이 아니라, 프로세스가 수행되는 방식(위치와 방법)을 변경하는 데 초점을 맞춘다. 따라서 프로세스 재작업은 다음과 같은 여러 가지 접근 방식을 포함할 수 있다. 다음의 예시를 보면,

---

109) Li, Te. "Holacracy Governance: An Exploration of Business R&D Process Re-engineering for Chinese company." Proceedings of the 3rd International Conference on Big Data Economy and Digital Management, BDEDM 2024, January 12?14, 2024, Ningbo, China. 2024.
110) Jiang, Huayu. "Research on Optimization of Product R&D Project Management of Company M Based on Lean Management." (2024).

- 부서 사무실 방문을 필요로 했던 서비스를 시민이 언제 어디서 나 이용할 수 있는 셀프 서비스로 전환
- 프로세스 및 프로세스 도구(양식, 문서, 체크리스트 등)의 표준화 및 단순화
- 여러 사람이 수행하던 책임과 작업을 한 사람이 모두 수행하도 록 변경
- 서로 다른 위치에 있던 다양한 작업을 수행하는 인력을 한 장소 에 배치하여 협업을 촉진
- 한 사람이 수행하던 작업을 여러 개의 논리적으로 그룹화된 또 는 전문화된 단계로 분리 등이다.

프로세스 단계 제거

일부 경우, 초기 프로세스 설계의 동기를 재검토하거나 산업 내외 의 모범 사례와 비교함으로써 프로세스 설계를 개선할 수 있는데, 그 예는 아래와 같이 예시 될 수 있다. [111]
- 최종 작업 결과물이나 정책/법적 제약에 크게 기여하지 않는 단 계를 제거[112]
- 기관의 성과를 내부 및/또는 외부의 동료, 경쟁자 또는 세계적 수준의 조직들과 비교
- 선도적인 모범 사례를 적용하여 개선 기회를 도출

---

111) Taherdoost, Hamed. "Fundamentals of R&D." Innovation Through Research and Development: Strategies for Success. Cham: Springer Nature Switzerland, 2024. 1-22.
112) Suma, B. "Implications of Social Networking Tools in Re-Engineering of Library Service Delivery in Digital Environment." Conference Proceedings. 2024.

- 성과 향상을 위한 아이디어 생성
- 조직의 역할, 기능, 미션 및 구조 비교

인력 관리 강화

R&D 관리부서 구성원들의 인력 관리 강화이다. 이 과제는 크게 추가 인력 확보 문제와 기존 인력의 역량 강화 과제로 나눌 수 있다.

추가 인력 확보는 앞에서 언급한 업무 재조정 결과와 관리층의 의지를 반영하여 필요 인력을 확보하면 된다. 필요 인력 확보 시에는 수행해야 할 업무별 경험 정도, 전공 분야, 요구 지식 수준, 보유 역량 등을 포함하는 자격 요건을 명확히 설정해야 한다. 또한 조직 내부 및 외부의 인력 확보 원천 등을 종합 검토하여 원천별 적합한 방식(사내 공모, 헤드헌터 업체 활용, 개인 추천, 대학 방문 등)을 적극 활용하여 필요 인력을 확보하는 것이 중요하다.113)

기존 R&D 관리부서 인력의 역량 강화를 위해서는 무엇보다도 지속적인 교육 훈련이 중요하다. 이를 위해서는 기본적으로 R&D 관리부서의 책임자는 구성원들을 해당 분야의 전문가로 육성하고자 하는 의지를 바탕으로 시간 및 예산 등을 과감히 투자해야 한다. 또한 이와 더불어 R&D 관리부서의 구성원들은 조직이나 책임자 탓만 할 것이 아니라 스스로 교육 훈련이 필요한 부분을 파악하여 이를 개선하고자 하는 학습 의지 및 스스로에게 적합한 교육 내용을 지속적으로 발굴하는 노력을 해야 한다.

R&D 부문의 역할은 현 사업 지원과 미래 준비 등 크게 2가지로

---

113) Alam, Md Mahbub. "Ambiguity in Business Process Reengineering: A Comprehensive Review of Trends, Challenges and Future Prospects." (2024).

구분할 수 있으며, 두 가지 역할을 어디서 수행하느냐에 따라 R&D 조직은 분권형과 혼합형을 살펴 본다.

· **분권형** : 미국, 일본 등 선진 연구 관리조직들의 R&D 조직 운영 추세를 보면 중앙 집중형 조직에서 탈피하여 R&D 조직들이 점점 사업 부문과 밀착되어 가고 있으며, 기초 연구 기능들도 사업 부문의 관여도가 매우 높아져 가고 있다. 선진 연구 관리조직들의 경우에는 사업 지원 역할을 하는 R&D 부문은 철저하게 사업부문 산하에서 운영되고 있으며 미래 준비 역할을 하는 R&D 부문(Research 기능)은 사업 부문과 분리하여 조직 수준 차원에서 운영되는 분권형 형태를 취하고 있다. 선진 연구 관리조직들이 R&D 조직을 분권형으로 운영하고 있는 주된 이유는 사업별 책임 경영체제가 정착되어 있고 사업별 R&D 투입 자원규모가 매우 크며, R&D 관리층이 풍부한 사업경험을 보유하고 있는 등 사업 부문에서 운영해도 R&D 부문의 전문성이나 기술 시너지가 거의 훼손되지 않고 확보·강화될 수 있는 기본 토대가 잘 구축되어 있기 때문이다.[114]

· **혼합형** : 일본형 연구 관리조직들의 경우에는 미래 준비 역할을 하는 R&D 부문(Research 기능)은 사업 부문과 분리하여 조직 수준 차원에서 운영되고 있으나, 사업 지원 역할을 하는 R&D 부문 (Development 기능)의 경우 일부는 사업 부문 산하에서 운영되고 일부는 조직 수준 차원에서 운영되는 혼합형 형태를 취하고 있다. 일

---

114) Tikas, Gaurav Dilip. "Resource orchestration capability for innovation: towards an empirically validated measurement framework." International Journal of Productivity and Performance Management 73.6 (2024): 1885-1908.

본 등 일부 선진 연구 관리조직들이 R&D 조직을 혼합형으로 운영하고 있는 주된 이유는 R&D 투입 자원의 절대 규모가 크지 않고, R&D 관리층의 사업 경험 미흡 등 아직 사업 부문에서 운영하기에는 성숙되지 않은 여건들이 있기 때문이다.

4. R&D 조직운영 대안

이 부분은 시론적으로 조직의 경제성을 연구 개발 분야에 적용하여 단계별 방안을 제세히 본다.

□ 대안 Ⅰ

○ 0단계(기존) 세부사항

R&D 조직의 운영 기본 단계로 R&D 예산금액이 일정정도 넘어가면 효율적인 R&D 운영을 위하여 R&D 전문 관리자를 고용하고, R&D 관리 전문가는 R&D의 기획, 운영, 평가에서 중심 관리자의 역할을 담당한다.

○ 1단계

0단계 이후 1단계에선 연구 관리조직을 확대 개편하고, 2,3단계에서는 공공 연구 및 집행조직 소관의 기술개발사업의 기획·평가 및 관리업무를 독립적이고 전문적으로 종합 조정할 수 있는 여건을 조성한다. 연구 관리조직을 모체로 하는 조직의 강화 방안은 연구 과제 운영 방식과 동일하게, 배분되는 연구비에서 일정 비율을 평가관리비 형태로 흡수하여, 전문 인력 채용 등으로 기획 평가 기능을 보강할 수 있다.

O **전문 조직**

1단계에서는 기술개발 조직을 이용하고 이후 기술개발관리 조직을 강화 하여 최종적으로 전문조직을 운영하는 방법으로 R&D 규모에 따른 조직의 크기를 변형함으로써 조직이 구성된 상황의 운영에서는 효과적이다.

□ **대안 II**

O **0단계(기존 체제) 세부사항**

R&D 조직의 운영 기본 단계로 R&D 예산금액이 일정정도 넘어가면 효율적인 R&D 운영을 위하여 R&D 전문 관리자를 고용하는 것이 필요하며, 대안 1과 동일한 상황이다.

O **대안 II의 세부사항**

1단계에서 기존의 R&D의 정책수립, 제도개선, 중장기발전계획 등 R&D의 기본정책 운영을 본부에서 직접 관리하되, 인력을 보강하여 순수 R&D의 기획 및 정책관리를 전담한다. 연구개발비, 시험연구비예산에 의한 연구개발사업을 자체적으로 수행하거나 사업의 일부를 위탁하여 수행하는 공공 연구 및 집행조직은 사업주체별로 관리한다.

이 대안의 장점은 현재의 인력과 예산으로 운영이 가능하며 큰 조직 개편없이 출발할 수 있는 장점이 있으나, 실제 업무 효율은 매우 낮을 수 있다.

  이러한 기본 기능을 운영하기 위해서 가장 기초적으로 전문인력(프로젝트 운영전문가)를 외부에서 영입하여 운영해야 한다. 전문가를 도입한다고 하여도 RMO단계의 1단계로 업무 수행 방식 중심으로 R&D 관리부서 구성원들이 담당 분야에 대해 전문가로 성장하기 위한 추가적인 제도 마련이 필요케 된다.

□ 가상의 조직 규모별 예시적 조직의 비용편익분석

〈표 3-9〉 가상의 연구 조직 규모별 비용편익분석

규모	비용편익분석 결과(예시)	
R&D 예산 낮은 수준	기술개발관리 조직	1.4
	공공 연구 및 집행조직 직할 운영	2.0
	전담기관 신설	1.4
R&D 예산 중간 수준	기술개발관리 조직	2.7
	공공 연구 및 집행조직 직할 운영	1.4
	전담기관 신설	1.9
R&D 예산 높은 수준	기술개발관리 조직	1.8
	공공 연구 및 집행조직 직할 운영	1.4
	전담기관 신설	3.0

O 소규모 R&D 운영 (R&D 예산 낮은 수준)

 기존 조직을 활용하여도 생산성(전문성 결여에 따른 손해비용, 정책의 일치성, 운영비효율 비용)과 서비스 효율(연구 파급효과 문제, 연구 데이터 관리 과/소비용)이 크게 떨어지지 않으며(Benefit-Cost ratio: 1.9) 조직 내 전문 조직을 운영(Benefit-Cost ratio: 1.4)하거나 R&D 전담조직을 창설하는 것은 B/C 분석결과 효율적(Benefit-Cost ratio: 1.4)이지 못한 것으로 나타났다.

O 중규모 R&D 운영 (R&D 예산 중간 수준)

 중규모 R&D 조직을 운영할 경우에는 조직내 전문 조직을 운영(Benefit-Cost ratio: 2.7)할 경우가 가장 효율적이며 기존 조직을 운영할 경우 생산성(전문성 결여에 따른 손해비용, 정책의 일치성, 운영비효율 비용)과 서비스 효율(연구 파급효과 문제, 연구 데이터 관리 과/소 비용)의 전문성이 떨어지고, 운영효율이 떨어짐으로써 운영효율(Benefit-Cost ratio: 1.4)이 떨어지고, R&D 전담조직을 창설하는 것(Benefit-Cost ratio: 1.9)은 방대한 조직운영으로 인한 생산성이 떨어지는 것으로 예상할 수 있다.

O 대규모 R&D 운영 (R&D 예산 높은 수준)

 대규모 R&D 조직을 운영할 경우에는 기존 조직을 활용하면 생산성(전문성 결여에 따른 손해비용, 정책의 일치성, 운영비효율 비용)과 서비스 효율이 크게 떨어지는 것(Benefit-Cost ratio: 1.9)으로 나타났으며, 조직내 전문 조직을 운영(Benefit-Cost ratio: 1.4)하는 것도 효율성이 떨어지는 것으로 나타났다. 따라서 R&D 전문조직을 창설하는 것은 B/C 분석결과 가장 효율적인 것으로 나타났다. 위에서 보듯, 연구 개발 예산이 증가할수록, 비용 편익 면에서 연구개발 전문기관이 갖는 효율성이 커지는 것으로 국내외의 여러 기관 사례들로부터 추론할 수 있다.

제4장 기후변화에 따른 사회 거버넌스

제1절 기후변화와 거버넌스의 연계성

기후변화가 사회적 불안정을 유발할 수 있고115), 이에 따라서 거버넌스가 중요한 화두어가 될 수 있는데,116) 이를 살펴보기 위해서 먼저 사회적 자본의 개념을 살펴 볼 수 있다. Robert Putnam의 사회적 자본(Social Capital) 개념은 개인 및 공동체 간의 사회적 네트워크, 상호 신뢰, 규범이 협력의 촉진 요소로 작용하는 자원을 의미한다. Putnam은 사회적 자본이 경제적, 정치적, 사회적 성과에 중대한 영향을 미친다고 주장하며, 특히 시민 참여와 공동체 활성화의 중요성을 강조하였다.

1. 사회적 자본의 이론적 형성과 중요성

'사회적 자본'이라는 용어는 Hanifan(1916)에 의해 처음 등장하

---

115) Femia, Francesco, and Caitlin Werrell. "Syria: Climate change, drought and social unrest." Center for Climate and Security 29 (2012): 2-5.
116) Eldemerdash, Nadia, Christian B. Jensen, and Steven T. Landis. "Environmental stress, majoritarianism, and social unrest in Europe." Journal of Contemporary Central and Eastern Europe 31.2 (2023): 385-408.

였다.117) 그는 지역사회가 적극적으로 관여해 민주주의와 개발을 지속시켜야 한다는 것에 주목하였고, '친밀하지 않은 이웃 간의 관계'와 '감소하는 주민참여'를 지역사회의 발전을 저해하는 요소라고 지적하였다.118) 그러나 그는 사회적 자본을 사회적 단위를 구성하는 개인들이나 가족들 간의 선의, 동료 의식, 동정, 그리고 사회적 교제의 개념으로 보았다.

이후 1980년대 말, 사회적 자본이라는 용어를 명시적으로 사용한 Bourdieu(1986)는 사회적 자본을 "상호지속적인 관계의 연결망을 통해 얻을 수 있는 실제적이고 잠재적인 자원의 총합"으로 정의하였다.119)

사회적 자본 이론과 연구에 있어서 가장 직접적인 영향을 끼친 Putnam(1993)은 사회적 자본을 Bourdieu의 개인적 관계로부터 집단으로 범위를 확장시켜 공유된 자산인 공공재로 보았다. 그는 사회적 자본을 "협력적 행위를 촉진하여 사회적 효율성을 향상시킬 수 있는 신뢰, 규범, 네트워크와 같은 사회조직의 특성"이라고 정의한다. Putnam은 다양한 사회적 균열을 가로지르는 수평적 참여 네트워크가 사회적 자본 형성에 중요하다고 보고120) 자기강화를 증대하고 축

---

117) ROSENDAHL, SCOTT, and MFI STUDENT FELLOW. "SOCIAL CAPITAL: A CATALYST FOR ECONOMIC GROWTH." Economic Policy and Outcomes: Balancing Regulation for Entrepreneurship.

118) Portes, Alejandro. "Social capital: Its origins and applications in modern sociology." New Critical Writings in Political Sociology (2024): 53-76.

119) Sabet, Naser Shafiei, and Sogand Khaksar. "The performance of local government, social capital and participation of villagers in sustainable rural development." The Social Science Journal 61.1 (2024): 1-29.

120) Hidalgo, Gisele, Jefferson Marlon Monticelli, and Ingridi Vargas Bortolaso. "Social capital as a driver of social entrepreneurship."

적되는 사회적 자본이 집합행동의 딜레마를 해결하는데 긍정적으로 활용될 수 있음을 제시하였다. 즉 신뢰에 대한 평판, 강력한 규범과 호혜적인 관계가 구성원 간의 밀접한 네트워크로 연결된다면 공동체에서 신용의 기능을 확충됨에 따라 시장 기능의 효율성이 높아진다는 것이다(Putnam, 1993).

Putnam이 제시한 사회적 자본의 구성 요소는 다음과 같다.[121]

첫째, 신뢰(Trust)는 사람들 간의 상호 신뢰가 공동체 내 협력을 촉진하고 사회적 관계를 더욱 효율적으로 유지하게 하며, 신뢰는 경제적 거래와 사회적 협력의 비용을 절감하는 데 기여한다. 즉 사회적 거래비용, 경제적 거래 비용을 절감게 해준다는 것이다.[122]

둘째, 네트워크(Networks)는 개인들이 상호 연결되어 서로 도움을 주고받는 구조를 의미한다. 강력한 사회적 네트워크는 공동체의 결속을 강화하며, 더 나은 협력과 정보 교환을 가능하게 한다.[123]

셋째, 규범(Norms)은 공동체 내 규범과 상호 책임 의식을 말하며 사회적 자본의 중요한 요소인데, 규범은 개인 간의 행동을 조정하고, 협력적 행동을 촉진하는 데 중요한 역할을 한다.[124]

Journal of Social Entrepreneurship 15.1 (2024): 182-205.

121) Putnam, Robert D. "Social capital and public affairs." Bulletin of the American Academy of Arts and Sciences (1994): 5-19.

122) Brownlow, Graham A. "Structure and change: Douglass North's economics." Journal of Economic Methodology 17.3 (2010): 301-316.

123) Bordandini, Paola, et al. "Disgruntled Italians?social capital and civic culture in Italy." Journal of Modern Italian Studies 29.2 (2024): 206-231.

124) Crowley, Frank, and Edel Walsh. "Tolerance, social capital, and life satisfaction: a multilevel model from transition countries in the European Union." Review of Social Economy 82.1 (2024):

Putnam은 이러한 사회적 자본이 시민사회와 민주주의의 건강에 중요한 역할을 한다고 보았다. 그의 저서인(Bowling Alone: 미국 공동체의 붕괴와 재생)에서, 그는 미국 사회에서 사회적 자본의 쇠퇴가 시민 참여의 감소, 공동체 약화, 민주적 제도의 약화를 초래했다고 지적한다. 또한, 사회적 자본이 높은 사회에서는 사람들이 서로 신뢰하고 협력하는 경향이 강하며, 이에 따라 공공서비스의 질과 정책 성과가 더 우수할 수 있음을 주장하였다.[125]

이러한 사회적 자본론은 학문적으로는 사회과학 분야에서 1960년대에 유행했던 문화론[126]의 새로운 등장에 다름 아니라는 입장이 있고, descriptive 하나, prescriptive 하지 않다. 즉 무엇을 해야 사회적 자본이 개선되는지에 대한 답은 제시가 어렵다는 비판이 있다.[127] 그럼에도 기후변화의 대응 관점에서는 절실한 기둥이 아닐 수 없다.[128]

23-50.

125) Bordandini, Paola, et al. "Disgruntled Italians?social capital and civic culture in Italy." Journal of Modern Italian Studies 29.2 (2024): 206-231.
Makulbayeva, Gulnur, and Dina Sharipova. "Social capital and performance of public councils in Kazakhstan." Journal of Eurasian Studies (2024): 18793665241266260.

126) Gabriel, Almond, and Verba Sydney. "The Civic Culture: Political Attitudes in Five Western Democracies." (1963).
Pye, Lucian W. Modernization, democratization, and nation building. Cambridge, Mass.: Massachusetts Institute of Technology, Center for International Studies, 1962

127) Hernandez, Tanja, and Mary Kate Berardi. "Measuring the community dream: A social capital lens of capacity building initiatives." Local Development & Society (2024): 1-20.

128) Tamasiga, Phemelo, et al. "Amplifying climate resilience: The impact of social protection, social cohesion, and social capital

이 책에서 정부 부문과 민간 사회 간의 인식과 협력의 불일치를 이해하는 데 있어 단서는 어느 국가나 그 국가의 맥락에서 부여된 "사회적 자본"(Putnam 1993)이라는 개념에서 찾을 수 있다. 어느 사회나 이전 시기의 "사회적 자본"을 계승한 결과로 우리가 목격하는 것은 상대적으로 신속히 변화하는 공공 부문 관리와 느리게 변화하는 사회적 자본 간의 격차이다. 이는 사회적 자본의 수준이 사람들이 공공 부문의 성과에 대해 느끼는 효율성도 현저히 약화시킨다.

2. 사회적 자본의 결핍

사회적 자본의 개념(Putnam 1993, 1995)이 어느 불특정한 국가의 국민들이 나타낼 수 있는 "사회적 자본"의 기능적 및 비기능적 측면들을 다음의 요약 표로 제시할 수 있다.[129]

---

on public support for climate change action." Sustainable Environment 10.1 (2024): 2361568.

129) 김준모 Theoretical Perspectives 지식나무 2023

〈표 4-1〉 사회적 자본의 요소들

Conducive Factors for Social Capital	Negative Factors for Social Capital
Attitudes toward Collectivity	Attitudes toward Collectivity: Low Citizenship, Less cultivated Citizenship
Positive attitudes for community service	Negative attitudes for individual level participation for community service
Intention for peaceful resolution	Strong insistence on one's will
Consciousness for conserving goods	Low preference for conservation
Willingness to preserve rights of others	Relatively neglected rights

1) 집단성에 대한 태도

어느 사회를 구성하고 있는 구성원들이 갖는 집단 지향성은 그 사회의 사회적 자본을 이해하는 하나의 차원이 될 수 있다.130) 예시적 질문으로 다음을 한다면, "국가에 좋은 것이 나에게도 좋다"는 질문항목, "공적 의무가 사적 문제보다 더 중요하다"는 항목, "내 나라 사람들은 사적 이익보다 국가 이익을 우선시한다"는 항목에서 그 사회 구성원들의 인식 속에 근저하는 사회적 자본을 추정해 볼 수 있다.131) 대개는 이러한 유사한 질문들 간에 불일치적 답변이 나올 가능성이 있는데, 이러한 불일치한 결과는 집단적 행동의 결과를 기능적이고 긍정적으로 인식하고 있지만, 그 가치의 내면화는 이루어지지 않았다

---

130) Le Borgne, Solene. "Coping with urban shrinkage: the role of informal social capital in French medium-sized shrinking cities." European Planning Studies 32.3 (2024): 569-585.

131) Breen, Kyle, et al. ""If somebody needed help, I went over": Social capital and therapeutic communities of older adult farmers in British Columbia floods." International Journal of Disaster Risk Science (2024): 1-12.

는 것을 시사한다.

이러한 낮은 집단성 태도는 집단주의가 시민사회 형성의 기초로 여겨지는 맥락에서, 그 사회가 시민성(civicness)을 결여하고 있음을 시사한다.

2) 이웃과의 사회적 모임 및 지역사회 봉사

사회적 자본을 측정할 수 있는 지표 차원 중 하나는 다음의 질문 유형을 통해서이다. "나는 항상 지역사회 활동에 참여할 것이다"라는 항목에 대해 높은 긍정 응답률이 기록되었음에도 불구하고, 질문 항목이 개인적 차원으로 좁혀지면서 역전될 수 도 있다.[132] 즉 "사회 복지 단체에 기부할 의향이 있다"와 "내 장기를 기증할 의향이 있다"는 항목에서는 반전이 나타나는 정도는 사회마다 상이할 것이다. 즉, 사회 구성원들이 규범적 가치를 인식하고 있으나, 개인적 차원에서 참여를 요구받을 때는 동기 부여가 잘 이루어지지 않는 경향을 보일 수 있다.[133]

132) Baik, Sol, Jennifer Crittenden, and Rachel Coleman. "Social capital and formal volunteering among family and unpaid caregivers of older adults." Research on Aging 46.2 (2024): 127-138.
133) Rupi, Nataa, and Matej Babek. "Stakeholder analysis as tool for organisational learning in social services: does internal social capital play a role?." International Journal of Learning and Intellectual Capital 21.2 (2024): 115-149.

3) 갈등 해결

갈등 해결에 있어서 토론과 타협에 기반하는지 여주는 사회적 자본을 이해하는 지표 중 하나가 된다.134) 예컨대, "우리는 토론을 통해 결론에 도달하는 것이 서툴다"는 질문이 그 예이다. 반면, "다른 질문에서 조화와 일치를 중시하는 규범적 가치를 분명히 보여준다면, 이는 조화에 도달하려는 규범적 가치와 실제 일상 생활에서의 행동 양식 간에 격차가 존재함을 시사하며, 이는 사회적 자본이 공동체 내에서 갈등을 완화하는 데 효과가 있는 것으로 알려져 있지만, 긍정적인 양태로만 나타나지 않을 수 있음을 시사한다.

4) 개인 권리 보호

시민 권리 보호는 특정 사회의 특성을 진단할 수 있는 중요한 지표이자 사회적 자본을 이해하는 중요한 접근로이다.135) "우리 정부는 국민의 권리를 잘 보호하고 있다"와 "우리나라에서 소수 의견과 권리는 잘 받아들여지고 보호받고 있다"와 같은 질문에서 상대적으로 낮은 점수를 기록하는지가 관전 포인트이다. 이는 사람들이 자신에게

---

134) Nakazato, Hiromi, and Seunghoo Lim. "A multiplex network approach to the self-organizing bonding and bridging social capital fostered among local residents: A case study of community currency in Korea under the Hanbat LETS." Journal of Open Innovation: Technology, Market, and Complexity 10.2 (2024): 100271.

135) Pierobon, Chiara. "Crafting Individual Resilience Through Social Capital in Times of Conflict: A Qualitative Study on Ukrainian Refugees in Germany." Journal of Immigrant & Refugee Studies (2024): 1-16.

"정당한 것"이라고 생각하는 것과 실제로 그 사회에서 얻을 수 있는 것 사이에 극적인 차이가 존재한다는 점이다. 자신들의 사회가 시민권을 충분히 보호하지 않는다고 평가하면서도, 시민권의 영역에서 자신에게 정당한 것을 얻기 위해 노력하고 있음을 분명히 나타낼 가능성이 있다.136)

정부 기관에서 부당한 대우를 받았을 때의 항의

설문 항목 "정부 기관에서 부당한 대우를 받았을 때 항의한다"와 "정부의 잘못된 정책에 맞서려고 한다"는 질문에서도 사회적 자본을 측정할 수 있다. 즉, 시민사회 개념에 기초한 서구적 관점에서 보면, 이 두 질문은 상대적으로 시민사회 전통이 약할 경우, 시민들이 자신들의 창조물인 정부에 대해 불만을 표현하려는 의지가 부족하다는 것이 전통적인 서구적 해석이었다.137) 그러나, 최근에는 뉴 미디어의 급속한 확장으로 인하여 역전 현상이 일어나고 있고, 더 심화될 가능성이 있는데138), 이는 모든 유형의 미디어를 통해 자신의 불만을 공론화하려는 경향이 더 높아진다는 점이다. 미디어를 통한 불만 표출이나, 공공 기관에 대한 불만은 긍정적인 방향으로 분출되는 것

136) Ponzetto, Giacomo AM, and Ugo Antonio Troiano. "Social capital, government expenditures, and growth." Journal of the European Economic Association (2024): jvae043.
137) Kidron, Aviv, and Hedva Vinarski-Peretz. "Linking psychological and social capital to organizational performance: A moderated mediation of organizational trust and proactive behavior." European Management Journal 42.2 (2024): 245-254.
138) Durante, Ruben, et al. "Unpacking social capital." The Economic Journal (2024): ueae074.

이 사회적 자본의 유지에 도움이 되며, 반대의 경우엔, 사회적 자본을 감퇴시킬 가능성으로 작용하게 된다.139)

3. 사회적 자본, 거버넌스, 그리고 기후변화 적응

본서의 앞장에서 제시한 것처럼, 기후변화는 사람들의 이동과 각 지역 들에서의 산업의 구성에 큰 영향을 미치게 된다. 이러한 변화는 기후변화 자체와 인구 이동140)으로 인한 질병의 증가, 현재는 밝혀지지 않은 새로운 질병원의 등장, 인수공통질병원의 등장 등 기존의 질서에 대한 교란 요인으로 작용할 가능성이 크다.141)

이러한 상황에서 가장 절실한 요소 중 하나는 거버넌스의 안정화이다.142) 여기서 거버넌스는 거버먼트와 질적인 차이를 갖는다.143)

139) 민원 공무원들의 감정 노동과 이로 인한 사회적 비용이 논의되어 공직자 보호를 위한 법제가 마련되고 있다.
140) Savari, Moslem, Ahmad Jafari, and Abbas Sheheytavi. "The impact of social capital to improve rural households' resilience against flooding: evidence from Iran." Frontiers in Water 6 (2024): 1393226.
141) Nardulli, P. F., Peyton, B., & Bajjalieh, J. (2015). Climate Change and Civil Unrest: The Impact of Rapid-onset Disasters. Journal of Conflict Resolution, 59(2), 310-335.
Abunyewah, Matthew, et al. "Drought impact on peri-urban farmers' mental health in semi-arid Ghana: The moderating role of personal social capital." Environmental Development 49 (2024): 100960.
142) Eldemerdash, Nadia, Christian B. Jensen, and Steven T. Landis. "Environmental stress, majoritarianism, and social unrest in Europe." Journal of Contemporary Central and Eastern Europe 31.2 (2023): 385-408.
Scheffran, Jurgen, et al., eds. Climate change, human security and violent conflict: challenges for societal stability. Vol. 8. Springer Science & Business Media, 2012.

즉 거버먼트는 정부 부문 즉, 근대 국가 시대 이후, 국민들의 세금으로 조직 운영되는 정부를 기본 모델로 한다. 거버먼트는 새로운 기능을 추가키 위해선 추가적으로 세금으로 마련된 재원의 투입을 필요로 한다.[144) 혹자는 다른 부문을 줄이고 여기에 투입하면 된다고 할 수 있겠으나, 최근 60-70년 간의 민주주의와 자본주의에 기반한 사회들의 양상은 시민들의 요구 수준이 점점 증가하고[145) 고급화되는 과정에 있어서 추가 재원을 마련하는 것의 난이도가 올라가고 있다.

이러한 배경 하에서 정부 부문으로만 문제 해결을 할 수 없기에 정부 부문은 민간과의 협력을 추진하게 되는데, 여러 가지 명칭으로 불리우는 가운데 공통적인 요소가 거버넌스의 등장으로 정리 할 수 있다. [146)

하나의 가상적인 예를 들어 보자. 여기 어느 도시에 큰 호수가 있다.[147) 이 호수에는 많은 물고기들이 살고 있는데, 하루에 1,000마리까지만 잡으면, 계속 물고기 개체수가 유지된다고 가정하자. 그런데, 물고기에 대한 소문이 여기저기에 나서 낚시꾼들이 모여들면서, 지속 가능성에 대한 위기가 조성되었다. 여기서 우리는 두 가지의 대안을 찾을 수 있다.

---

143) Chen, Ke, et al. "Does improved digital governance in government promote natural resource management? Quasi-natural experiments based on smart city pilots." Resources Policy 90 (2024): 104721.
144) Wang, Hongli, and Jinguang Guo. "New way out of efficiency-equity dilemma: Digital technology empowerment for local government environmental governance." Technological Forecasting and Social Change 200 (2024): 123184.
145) Huntington, Samuel P. "The democratic distemper." The public interest 41 (1975): 9.
146) Ostrom, Elinor. Governing the commons: The evolution of institutions for collective action. Cambridge university press, 1990.
147) 김준모 교수, Regional Development 강의 시간 사례에서

1안 전통적인 정부 즉 거버먼트에 의존한다.

이를 위해선 정규 경찰을 파견한다. 인건비가 들고, 이들에게 수당
과 순찰을 위한 장비가 지급된다. 예를 들어 순찰차와 그 유지비 수
리비, 무전기, CCTV 등 기타 장비들이 지급된다. 이들은 공무원이
기에 연금 부담도 사회적으로 감당한다.

2안 거버넌스의 방법

다른 방안은 민간 네트워크와 일부 경찰 인력을 혼합 투입하되, 민간
인들의 신고도 받고, 감시 카메라 등 지원 장비를 사용하는 방안이다.
거버넌스가 비교 불가할 수준으로 경제적이다. 논의의 포인트는 민
관 협력 모델인 거버넌스가 질서 유지에 큰 도움이 된다는 점이다.
즉, 기후 변화의 논의로 돌아가서도 거버넌스의 구성이 결국 문제 해
결과 해소에 긴요하다는 점이다.148) 우리가 직면할 이슈의 유형은
아직 특정할 수 없으나, 거버먼트가 이를 해결키에 부담이 된다면,
기후 변화 이슈에도 거버넌스가 활용됨이 타당한데, 이를 위해 기본
이 되는 것이 바로 건전한 '사회적 자본'의 유지인 것이다.

4. 과학에 대한 수용성과 정부의 역할

거버넌스를 이루는 또 다른 중요한 기둥은 과학에 대한 사회와 정

---

148) You, Chen, et al. "Can the government environmental vertical
    reform reduce air pollution? A quasi-natural experiment in
    China." Economic Analysis and Policy 81 (2024): 947-963.

부의 수용성인데, 이 논의를 위해선 먼저 과학과 과학적 활동이 만능이 아니라는 점에 대한 공감대가 있어야 한다.149) 이러한 토대 위에 시작될 수 있는 논의는 우리가 사회 문제 특히 과학의 영역과 관련되는 문제를 직면했을 때 어느 정도로 과학을 신뢰하는가의 문제이다.150)

과학과 정부, 과학과 사회 간에는 가까웠던 때와 멀었던 때가 반복되어 왔다.151) 이 책의 논의와 기후변화와의 논의에만 국한해 본다면, 로마 클럽 보고서 이후에도 주요국의 정부 간에는 성장 중심의 논의와 환경에 대한 논의가 경합을 해왔고, 환경에 대한 지나친 강조와 이해관계자 집단에 과학계가 함몰되어 버린 사례들도 여러 나라에서 존재해 왔다.152) 사실, 환경 문제를 다른 생각으로 이용해 온 그룹들도 없지 않았음도 볼 수 있다.153) 과학계와 과학계 밖의 정부, 사회 부문에서 기후변화에 대한 가장 과학적인 접근에 장애가 되는 논리는 전형적으로 " 상관관계는 인과관계가 아니다"라는 근대 통계학, 더 엄밀히는 휘셔(Fisher)에 의해 정립된 통계학의 논리에 기반하고 있다.154) 즉

149) Krause, Nicole M., et al. "Trends—Americans' trust in science and scientists." Public Opinion Quarterly 83.4 (2019): 817-836.
150) Nadelson, Louis S., and Kimberly K. Hardy. "Trust in science and scientists and the acceptance of evolution." Evolution: Education and Outreach 8 (2015): 1-9.
151) 김준모 인공지능시대의 정책결정 (지식나무 2024)
152) Wintterlin, Florian, et al. "Predicting public trust in science: The role of basic orientations toward science, perceived trustworthiness of scientists, and experiences with science." Frontiers in Communication 6 (2022): 822757.
153) Vaupotič, Nina, Dorothe Kienhues, and Regina Jucks. "Trust in science and scientists: Implications for (higher) education." Trust and communication: findings and implications of trust research. Cham: Springer International Publishing, 2021. 207-220.
154) Shipley, Bill. Cause and correlation in biology: A user's guide to path analysis, structural equations and causal inference with R. Cambridge university press, 2016.

흔히 말하는 제 1종 오류와 2종 오류의 문제로 귀결된다.[155]

미국의 경우도 2차 대전과 맨해튼 계획, 그리고 아폴로 탐사 시기까지 보였던 과학에 대한 절대적 지지[156]는 정치적 여건의 변화 속에 과학에 대한 견제와 의심으로 이어졌고, 기후변화의 논의에도 이러한 연결선이 연장된 바 있다.[157] 이러한 변화의 원인은 결국 비용에 대한 논의와 무관치 않다.[158] 공공 부문의 논의에서 예산과 관련하여서는 흔히 말하는 점증주의 예산제도가 합리모형을 누르고, 과학기술 분야 예산에서도 득세하는 현상이 이 시기와 맞물려 나타났던 것이다.[159]

이러한 과학계와 정부 간의 미묘한 갈등은 환경 분야에 대한 투자가 현세대와 미래 세대 간의 비용분담의 이슈로 이어진다는 데에 문제의 근본이 있다. 사실 현대 자본주의 경제의 제약점들 중 하나는 미래의 소득을 앞당겨 쓰는 데에도 일정 부분 기인하는데,[160] 이러한

---

155) Hilborn, Ray. "Correlation and causation in fisheries and watershed management." Fisheries 41.1 (2016): 18-25.
Fisher, Ronald. "Cigarettes, cancer, and statistics." The Centennial Review of Arts & Science 2 (1958): 151-166.
156) 김준모 인공 지능시대의 정책결정
157) Peeren, Esther. "Suspicious Minds." The Ends of Critique (2022): 97.
Cairns, Rose. "Climates of suspicion:'chemtrail'conspiracy narratives and the international politics of geoengineering." The Geographical Journal 182.1 (2016): 70-84.
158) Dennig, Francis. "Climate change and the re-evaluation of cost-benefit analysis." Climatic change 151.1 (2018): 43-54.
Tol, Richard SJ. "Equitable cost-benefit analysis of climate change policies." Ecological Economics 36.1 (2001): 71-85.
159) Dennig, Francis. "Climate change and the re-evaluation of cost-benefit analysis." Climatic change 151.1 (2018): 43-54.
Azar, Christian. "Weight factors in cost-benefit analysis of climate change." Environmental and Resource Economics 13 (1999): 249-268.
160) Bollen, Johannes, et al. "Local air pollution and global climate change: A combined cost-benefit analysis." Resource and energy economics 31.3 (2009): 161-181.

트렌드가 상당히 보편적으로 나타나고, 자본 시장에서는 더욱 뚜렷한 양상인데, 기후 분야에 대한 투자는 그간 상대적으로 경직성을 보여온 점이 있다. 대규모의 투자를 요하는 점, 현재의 기술보다 미래에 더 나은 기술이 나온다면, 기 투자된 부분에 대한 수정이 불가한 경우도 발생한다는 점들이 보수적인 집행의 근거가 되기도 하였다.161) 그러나, 향후에는 거버넌스 관점에서 과학계와 정부 부문 간에 일정한 협업이 요청되는 시기가 오고 있다.162)

5. 거래 비용 관점에서의 이해

거래 비용은 가장 좁은 의미에서는 시장에서의 거래를 위해 지불하는 비용으로 정의되지만, 제도 경제학에선 이보다 정교한 개념들이 존재한다. 그 논의로 진행되기 전에 먼저 정리할 사항은 사회적 자본과 거래 비용 간의 관계이다. 즉 사회적 자본이 양호한 사회에선 거래 비용이 낮다고 이론자들에 의해 주장되어 왔다. 그런데, 사회적 자본은 이론적 틀로서 구성하여 논의를 전개하는 데에 그동안 진전이 더딘 편이고, 적용 범위가 제약되는 반면, 제도경제학에서 다루어온 거래 비용 논의는 이론가와 실무계에서도 광범위하게 활용되어

Raihan, Asif, and Mohd Nizam Mohd Said. "Cost-benefit analysis of climate change mitigation measures in the forestry sector of Peninsular Malaysia." Earth Systems and Environment 6.2 (2022): 405-419.

161) Masur, Jonathan S., and Eric A. Posner. "Climate regulation and the limits of cost-benefit analysis." Calif. L. Rev. 99 (2011): 1557.

162) Sunstein, C.R. The Availability Heuristic, Intuitive Cost-Benefit Analysis, and Climate Change. Climatic Change 77, 195-210 (2006)

논의와 응용이 수월하다는 장점이 있다.163)

제도경제학 중에서도 20세기 후반에 정립된 제도경제학을 신제도경제학이라 부르며, 이 신제도경제학은 상당 기간 동안 주류 경제학 내에서 상대적으로 본류에 합류치 못하는 시기를 겪은 후, 주류 경제학 내의 입지를 확고히 하였는데. 이 학파가 갖는 합리성에 대한 관점을 보면 그 역사를 이해케 된다. 경제학에서는 합리성의 가정은 결코 양보할 수 없는 가정인데, 신제도 경제학자들로 분류되는 학자들 중 에 거트슨과 같이 합리성 가정과 극대화 가설을 수용하면서 거래 비용을 협의로 해석하는 학자 이외에는 대부분의 신제도경제학자들은 인간의 합리성의 가정을 거부하는데서 주류 경제학과의 차이가 있다.164)

즉, 더글라스 노스나 올리버 윌리암슨의 경우, 합리성 가정을 거부하면서 허버트 사이몬의 제한된 합리성 가설을 수용한다.165) 이 둘 중에서도 더글라스 노스의 경우, 제한된 합리성을 광의의 의미로 해석하고 있는데, 이렇게 넓은 의미에서 제한된 합리성을 이해하면, 사회적 자본과 신뢰를 거래 비용의 개념과 연결하여 사회 현상을 설명할 수 있게 된다. 즉, 사회적 자본이나 신뢰가 낮은 사회는 거래 비용이 높아지는 것이다.166)

163) North, Douglass C. "The new institutional economics and development." Economic History 9309002 (1993): 1-8.
UNU-WIDER http://www. wider. unu. edu, et al. The contribution of the new institutional economics to an understanding of the transition problem. Palgrave Macmillan UK, 2005.
164) Meramveliotakis, Giorgos, and Dimitris Milonakis. "Surveying the transaction cost foundations of new institutional economics: A critical inquiry." Journal of Economic issues 44.4 (2010): 1045-1072.
North, Douglass Cecil, and Douglass Cecil North. Transaction costs, institutions, and economic performance. San Francisco, CA: Ics Press, 1992.
165) Simon, Herbert A. "Bounded rationality in social science: Today and tomorrow." Mind & Society 1 (2000): 25-39.

기후변화의 논의로 돌아가보면, 어느 사회에선 기후변화의 논의가 비교적 쉽게 정책 어젠다로 확립이 되는데, 다른 사회에선 채택도 되기 어렵거나, 채택 후 폐기 될 수순을 겪기도 한다. 어젠다로서의 확립을 기준으로 볼 때는 쉽게 확립되는 사회에서 거래 비용이 낮게 발생하는 것이고, 반대의 경우엔 높은 거래 비용으로 정책을 마련 할 수 없게 된다. 즉 저 신뢰 사회에서 거래 비용이 높게 나타나게 되는 것이다. 이제 이 내용을 어젠다 설정의 일반 이론들을 통해 살펴 본다.

제 2 절 정책 어젠다 설정의 중요성: 기후변화 적응과 기후변화 관리 및 연구 조직 맥락

정책이란 공공의 문제를 해결하기 위한 인위적인 노력이라고 정의될 수 있다. 정책의 개념을 접근하기 위해서는 문제가 무엇인가에 대한 이해가 선행되어야 한다.

이 세상에는 수많은 문제들이 존재하고 있는데, 문제는 어떤 면에서는 기대하거나 열망하고 있는 수준과 현 수준과의 차이라고 말할 수 있다. 따라서, 이러한 열망 수준과 현실 수준과의 차이를 해결을 주는

---

166) Kanwal, Aneela, and Amer Rajput. "A transaction cost framework in supply chain relationships: a social capital perspective." Journal of Relationship Marketing 15.1-2 (2016): 92-107.
Fussell, Hilary, et al. "The relationship between social capital, transaction costs, and organizational outcomes: A case study." Corporate communications: An international journal 11.2 (2006): 148-161.

것이 정책의 개념이자 기능이라고 할 수 있다.167) 그러나, 모든 문제가 사회 문제로 될 수는 없으며, 사회 문제 중에서도 특정한 조건을 충족하는 사회 문제만이 공공 정책의 문제로 규정될 수 있는 것이다.

1. 정책의제의 유형

일반적으로 정책의제를 설정하는데 있어서는 정책의제 형성 과정을 특정한 이슈가 사회 속에서 체제의제로 전환되는 과정과 정부 내에서 제도의제로 전환되는 두 개의 과정으로 나누어 설명할 수 있다. Cobb와 Elder는 정책 의제화 과정에서 주체를 기준으로 체제의제(systemic agenda)와 제도의제(institutional agenda)를 설명하고 있다.168)

1) 체제의제

체제의제(systemic agenda)란 공중의제(public agenda)라고도 하는데, 정치공동체(political community)의 구성원 다수가 관심을 집중시키면서 정부로부터 해결을 기대하고 있는 이슈들이나 사회문제를 뜻한다. 어느 이슈는 다음의 세 가지 조건을 충족시킬 때 체제의제가 된다.169)

---

167) 김준모 인공 지능 시대의 정책결정
168) Powell, Martin. "Agenda-setting in health care policy." Research Handbook on Health Care Policy. Edward Elgar Publishing, 2024. 14-29.
Loveridge, Ronald O. "Participation in American Politics: The Dynamics of Agenda-Building. By Roger Cobb and Charles Elder.(Boston: Allyn and Bacon, Inc., 1972. Pp. 182. $3.50.)." American Political Science Review 67.3 (1973): 1009-1010.

① 다수의 사람들이 그 이슈를 알고 있거나 인식하고 있어야 한다.
② 상당수의 사람들 사이에서 문제에 대한 정부의 조치가 필요하
다는 공감대(shared concern)가 형성되어야 한다. ③ 정당한 정
부의 권한 범위 내에서 문제의 해결이 포함된다는 인식이 다수 사
람들 사이에서 공유되고 있어야 한다.

2) 제도의제

제도의제(institutional agenda)는 결정자들(authoritative decision-
makers)이 명백하게 밝힌 해결 항목들을 지칭한다. 제도의제는 좁은 의미에
서 정부의제(governmental agenda) 혹은 공식의제(formal agenda)라고
한다.

체제의제와 제도의제는 그 우선순위(priorities)에 있어서도 상호
완전히 일치되는 경우가 드문데, 이것은 체제의제가 사회적 경제적
환경의 변화에 따라 형성되는데 비해, 제도의제는 정책결정체제에 내
재하는 관성(inertia)과 제도적 편기(bias)로 인해 특성을 갖게 되기
때문이다.170) 이러한 체제의제와 제도의제의 차이는 정치체제 내외
의 갈등의 원인이 되기도 하며, 정부의 어젠다 결정에 새로운 유입
요소로 작용하게 된다. 상대적으로 소외된 집단의 경우, 자신들의 이
슈를 제도의제로 진입시킬 수 있는 확실한 길은 이슈를 체제의제로
전환시키는 과정이 되게 된다. 171)

---

169) Peters, B. Guy, and Philippe Zittoun. "Teaching public policy
through the history of the discipline, theories, and concepts."
Handbook of Teaching Public Policy. Edward Elgar Publishing,
2024. 17-34.
170) Cordero Vinueza, Viviana A., et al. "Making Child-Friendly Cities:
A Quest for Local Agenda-Setting." Available at SSRN 4789023.

2. 정책의제론의 이론들

사회문제 중에서 일부가 정부에 의해서 정책(제도)의제로 채택되는 과정에 관한 연구가 정책의제 채택이론이다. 이러한 정책의 일반적 과정에 초점을 맞춘 이론에는 D. Easton의 체제이론, 그리고 다원주의론과 엘리트론 등이 있으며, 특히 의제설정에 초점을 맞춘 Cobb & Elder(1972), Crenson(1971), Kingdon의 정책의 창과 Heclo의 정책 네트웍 등의 연구가 있는데,172) 행정학과 정책학의 학제간 학문의 특성 상 전통적인 행정학 뿐 아니라, 정치학, 사회학 등 다양한 분야에서 진전된 이론들이 정책의제의 등장과 채택을 설명해주고 있다.

1) 문제 특성론

Crenson의 문제특성론은 정책의제의 채택이 사회문제의 성격이 어떠한가에 따라서 영향을 받을 수 있다는 점을 보여주고 있다. 문제특성론에서 주로 언급되고 있는 특징적 요소들을 다음과 같이 정리할 수 있다.173)

---

171) Capella, Ana Cláudia Niedhardt. "The dynamics of issues and agenda denial." Research Handbook on Public Affairs. Edward Elgar Publishing, 2024. 147-162.
172) Migone, Andrea, and Michael Howlett. "Multiple Streams and Plausibility Cones: Using Concepts from Future Studies to Depict Policy Dynamics." International Journal of Public Administration (2024): 1-13.
173) Stewart, Jenny, and Grant Jones. Renegotiating the environment: the power of politics. The Federation Press, 2003.

- 88 -

① **구체성(issue specificity)** : 사회문제가 구체적이지 않고 포괄적이면 포괄적일수록 관련되는 이해관계자가 많아지므로 정책의제로 채택될 가능성이 높아진다.174)

② **사회적 유의성(social significance)** : 사회문제가 사회적으로 관심이 높고, 사회 전체에 주는 충격의 강도가 크면 클수록 정책의제로 채택될 가능성이 높아진다.

③ **기간의 적실성(temporal relevance)** : 사회문제가 일시적으로 존재하는 것보다 오랫동안 누적되었거나 장기적인 문제일수록 줄수록 정책의제로 채택될 가능성이 높아진다. 175)

④ **선례(precedence)의 유무** : 사회문제 중에서 그와 유사한 선례가 있었던 문제가 정책의제로 채택될 가능성이 더 높을 것이다.

⑤ **기술적 복잡성(technical difficulty)** : 사회문제가 복잡하고 기술적으로 까다로운 경우에 비해서 단순하고 이해가 쉬운 경우가 더 많은 사람들의 지지와 관심을 얻을 수 있어 정책의제로 채택될 가능성이 높아진다.

크렌슨은 그의 이론에서 대기 오염 문제에서 나타나는 문제의 특성을 1) 전체적 이슈 대 부분적 이슈, 2) 전체적 편익 대 부분적 편익, 3) 전체적 비용 대 부분적 비용이라는 기조를 활용하여, 대기 오염은 전체적 이슈로서 전체적인 편익을 유발하지만, 일반 시민 입장

---

174) Hisschemöller, Matthijs, et al. "Knowledge, power, and participation in environmental policy analysis: an introduction." Knowledge, power, and participation in environmental policy analysis. Routledge, 2018. 1-26.
175) Knüpfer, Curd, and Matthias Hoffmann. "Countering the "Climate Cult"-Framing Cascades in Far-Right Digital Networks." Political Communication (2024): 1-23.

에서는 편익에 널리 분포되어 편익이 과소 평가되고 조직적인 대응이 미흡하게 되는 반면, 공해를 유발하는 조직나 공장 주의 입장에서는 비용이 집중되게 되어 사활적 이해를 가지고[176] 정책 의제로서 채택되지 않도록 노력하게 된다는 것이다.[177] 이것으로 올해 많은 사회 문제들이 정책 문제로서 채택될 수 있는 타당성을 가지면서도 쉽게 채택될 수 없는가를 수 밝히고 있다.[178]

조셉 거스필드는 그의 저서 The Culture of Public Problems: Drinking, Driving, and the Symbolic Order 를 통해 정책 문제의 소유권(Ownership)에 따라서 동일한 사건이나 현상이 다른 방향으로 정책 문제화되고, 다른 해결책을 찾게 된다는 것을 보여 주고 있다.[179] 이 책에서 저자는 1950년대와 1960년대에 미국에서 자동차 사고로 인한 사망 사고의 경우 그 책임이 운전자 개인 (irreponsible driver)에게 귀인 되었던 것을 지적하고 있다. 이 경우 정치적 책임은 정부가 운전자 개인을 처벌하는 것으로 해결하고 있었다. 그러나, 60년대를 통해 미국에서 Ralph Nader 같은 이들을 통해 소비자 보호 운동이 확대되면서 자동차 제조 업체의 책임론이 불거지게 되었다. 즉, 자동

---

176) Marí-Klose, Pau, and Inés Calzada. "Destination Spain: Sociopolitical Dimensions of a Sociodemographic Phenomenon." Retirement Migrants and Dependency: Caring for Sun Seekers. Cham: Springer Nature Switzerland, 2024. 11-32.

177) Jones, Charles O. Clean air: The policies and politics of pollution control. University of Pittsburgh Pre, 2010.

178) Crenson, M. A. "The Un-Politics of Air Pollution: A Study of Non-Decision-Making in the Cities." (1971).

179) Gusfield, Joseph R. "The culture of public problems: Drinking-driving and the symbolic order." Morality and health. Routledge, 2013. 201-229.
Gusfield, Joseph R. "Social and cultural contexts of the drinking-driving event." Journal of Studies on Alcohol, Supplement 10 (1985): 70-77.

차 사고와 이로 인한 사망엔 자동차 제조 업체들의 설계 결함이나 제도
상의 결함이 존재할 수 있다는 주장이 설득력을 얻어 가게 되었다. 이에
따라, 자동차 사고로 인한 사망 사고의 원인은 자동차 제조업체에게
상당 부분 전가되게 되었다.[180] 이후 또 다른 책임에 근거가 제시되었
는데, 이 중 한 예는 유흥업소 책임론이다. 일정 지역에 유흥업소가
과다하게 많거나, 영업시간이 과다하게 될 경우에 자동차 사고와 이로
인한 사망 사고의 중요한 요인이 된다고 인식되기 시작한 것이다. 이러
한 경우엔 정책 문제의 규정이 유흥업소의 단속과 규제라는 것으로 이해
되게 된다.

2) 체제이론 (Systems Theory)

David Easton의 체제이론은 사회과학의 여러 분야에서 고전이론
으로 소개되고 있는 이론으로서, 거시적 관점에서 정책의제 채택을
설명하고 있다. 체제이론이 가정하고 있는 기본 관점은 사회체제나
정치체제도 유기체와 같이 수용능력(capacity)상의 한계가 있다는
것이다.

체제이론에 의하면 환경으로부터의 다양한 요구는 일단 이슈로 전
환됨으로써 가시성(visibility)이 증대되고 관련되는 공중이 증가하여
더욱 용이하게 정책 의제화 될 수 있다(Cobb & Elder, 1972: 19).
그러나 여기에서 요구 또는 이슈가 정책 의제화하려면 정치체제의
문지기(gatekeepers)를 통과해야 하며 이 중에서 일부만이 정책 의

---

180) Gusfield, Joseph R. "The culture of public problems: Drinking-driving
and the symbolic order." Morality and health. Routledge, 2013.
201-229.

제화가 된다는 것이다.181) 여기에서 정치체제의 문지기란 환경에서의 요구 또는 이슈를 정치체제로 돌려보내느냐의 여부를 결정하는 개인이나 집단을 의미하며, 대통령을 비롯하여 고위직 공무원, 국회의원, 정당 등이 이에 해당된다.

3) 다원론과 엘리트론

공식적인 정책결정자가 누구의 영향에 의해서 정책의제를 채택하게 되느냐에 관해서 다원론자들과 엘리트론자들 사이에 치열한 논쟁이 있어왔다. 엘리트론자들(elitists)은 사회 내의 엘리트 집단이 정책의제 채택을 좌우한다고 보고 있는데 반해,182) 다원론자들(puralists)은 정치적 영향력이 사회 내 각 계층에 골고루 분산되어 있다고 주장한다. 공식적으로는 소수가 정책의제의 채택을 좌우하는 것처럼 보이지만, 실질적으로는 다수에 의해 정책의제가 채택이 된다는 것이다. 다원론은 정책결정의 주된 요소로서 정책결정에서 정치적 참여, 선거과정, 집단의 상호작용, 정치적 세력 간의 경쟁 등을 핵심요소로 삼으며, 이론적 가정으로 사회 세력간의 균형(counterveiling power)이 이루어진다는 것을 염두에 둔 이론이었다.

그러나 이러한 다원론은 다음과 같은 여러 가지 비판을 받고 있다.

첫째, 집단 간의 경쟁을 통한 정책결정이 공익을 낳는다는 주장이 타당하려면 사회 내 모든 집단이 동등하게 정책결정 과정에 접근할

---

181) Bang, Henrik P. "David Easton's political systems analysis." The SAGE Handbook of Political Science (2020): 211-232.

182) Smith, Michael P. "Elite theory and policy analysis: the politics of education in suburbia." the Journal of Politics 36.4 (1974): 1006-1032.

수 있다는 것이 전제되어야 하는데 현실적으로 그러하지 못하다. 둘째, 다원론은 일반 공중의 참여를 강조한다기보다는 조직된 집단의 참여를 강조하고 있다. 셋째, 현실의 세계에서 정책형성에 결정적인 역할을 하는 것은 경쟁이나 참여 등이 아니라 경제적 자원이다. 넷째, 소수의 엘리트들은 처음부터 자기에게 불리하지 않는 문제만 정책문제로 채택되게 하고, 불리한 문제는 정책의제로 채택되지 못하도록 권력을 행사한다는 것이다.183)

4) 하위정부 이론

정책의제 채택이나 결정에서 정책 하위정부(policy sub-governments) 개념은 다원론과 엘리트론 간의 절충적 중간 이론이라 볼 수 있다. 이 이론에서는 국회의원, 정부관료, 이익집단 대표 간의 삼자연합(iron triangles)184)을 정책과정에서 핵심 세력으로 간주한다. 의회위원회, 정부기관, 이익집단 등 삼자는 특정 정책 분야에서 상호 간의 공동 관심에 입각하여 서로 맞물려 있는 관계가 이루어진다고 설명하고 있다. 비록 하위정부, 즉 삼자연합이 법적으로 인정된 정부 단위는 아니지만, 공공정책 결정 과정에서 공식적인 정부구조보다도 더 막대한 영향력을 행사하는 경우가 있다고 주장되는데, 일반적으로 다음 두 가지의 채널을 통해 의제를 통제하게 된다.

첫째, 정책의제에 대한 논쟁은 철의 삼각형 밖의 외부인으로서는 이해하기 어렵게 되어 문제 정의에 관한 광범위한 참여에 역행하는 방향으

---

183) Mariotti, Claudia. "Elite theory." The Palgrave Encyclopedia of Interest Groups, Lobbying and Public Affairs. Cham: Springer International Publishing, 2022. 427-432.
184) Adams, Gordon. The iron triangle. Transaction Publishers, 1981.

로 의제 설정과 유지가 이루어진다. 둘째, 이슈를 철의 삼각형의 이익에 유리한 방식으로 규정할 수 있다. 전문가나 관료들은 보통 전문 용어나 기술 용어를 사용하여 비전문가의 접근성이 약화되게 된다.185)

이러한 하위 정부론에는 이론의 전개상 다음의 제약점이 지적될 수 있다. 먼저, 이 이론은 다원론처럼 특정 분야의 정책의제 채택을 그 정책에 가장 이해관계가 깊거나, 직접적으로 개입된 참여자들에게 맡기게 된다. 따라서 하위정부의 정책 과정상의 활동이 일반 공중의 견해와 연계가 없는 상황 하에서 이루어지기 때문에 그들에 의한 결정을 공공의 책임과 거리가 있게 된다.186)

다음으로는 하위정부론에서의 폐쇄성은 특정 정책 분야에서 정책의 전문가로서 자신들의 이슈 영역에서만 작용하며, 엘리트론에서의 주장처럼 정책의 전 영역으로 일반화하기에는 제한이 따른다.

5) Kingdon의 정책의 창과 Heclo의 정책 네트웍 이론

이 모형은 J. W. Kingdon이 '조직선택(organizational choice)에 대한 쓰레기통 모형'에 기초하여 정책의제설정을 위한 모형으로 제시한 것으로, 정책변동을 설명하는데 에도 설명력을 가지고 있다.187)

킹던의 이론에 의하면 지표의 변동과 위기, 재난 및 환류 등 정책문제 흐름과, 정권의 변동, 국민적인 분위기 및 이익집단의 압력 등으로 구성되

---

185) Adams, Gordon. The politics of defense contracting: The iron triangle. Routledge, 2020.
186) Pollack, Julien, Jane Helm, and Daniel Adler. "What is the Iron Triangle, and how has it changed?." International journal of managing projects in business 11.2 (2018): 527-547.
187) Kingdon, John W. "Agendas, alternatives, and public policies." Brown and Company (1984).

는 정치의 흐름 및 정책체제의 분화정도와 정책활동가의 활동 및 이익집단의 개입 등으로 이루어지는 정책대안의 흐름이라는 세 가지의 흐름이 결합하여 정책의제설정이 이루어지고, 이 세 가지 흐름 중 2개 또는 3개가 결합할 때 정책변동의 창문(Policy Window)이 열리며 정책변동이 이루어진다고 보았다.188)

한편 그에 의하면 주요한 정책개혁은 '기회의 창'(Policy Window)이 위에서 말한 세 가지 흐름과 만나는 경우에 이루어지게 되고, 인지된 문제에 대해 전문가 등으로 이루어진 정책공동체가 반응하여 재정적 기술적으로 가능한 대안을 발전시키는 한편, 정치가가 그 대안을 승인하는 것이 유리하다고 판단하여 시행케 된다고 한다.

Heclo의 정책 네트웍은 엘리트론이나, 하위 정부론, 킹던의 이론에서 등장해온 전문가 집단에 주목하여, 이들의 특성을 통해 정책 의제형성과 정책 결정 단계를 설명한 189)데에 그 특징이 있다.

6) Cobb와 Elder의 모형

Cobb와 Elder는 이와 같은 정책의제 설정에서 권력의 과점현상에 초점을 맞추고 정책의제 설정에서 대중의 참여 확대를 주장하였다.

---

188) Baumgartner, Frank R. "John Kingdon and the evolutionary approach to public policy and agenda setting." Handbook of public policy agenda setting. Edward Elgar Publishing, 2016. 53-66.
189) Heclo, Hugh. "Hyperdemocracy." The Wilson Quarterly (1976-) 23.1 (1999): 62-71.
Heclo, Hugh. "The Clinton health plan: Historical perspective." Health Affairs 14.1 (1995): 86-98.

(1) 정치체제에 대한 기본전제

Cobb와 Elder는 정책의제론에서는 정치체제에 관한 네 가지 기본
전제를 제시하고 있다. 먼저, 정치체제에 대한 영향력과 접근 기회는
특정 계층에 편향되며, 둘째, 정치체제가 고려하는 이슈와 정책결정
대안의 범위는 제한되어 있다. 셋째, 정치체제가 지니고 있는 타성
(inertia)으로 인하여 기존의 이슈와 선택을 바꾸는 것은 어렵다. 마
지막으로 정책결정 이전의 상황과 과정은 정치체제의 이슈 채택과
대안선택에 지대한 영향을 미친다는 것이다.

(2) '외부 주도 모형' 과 '동원모형'

Cobb, et al.,(1976)은 정책의제 설정의 주도 집단의 유형을 주
체에 따라 '외부 주도 모형'과 '동원모형'으로 구분하였다.190)

① 외부 주도 모형

사회 내 대립하는 집단 사이의 갈등으로 이슈가 발생하고, 이 이슈가
널리 공중에 확장되어 체제의제(systemic agenda)의 지위에 오르게
되면 이는 정책결정자의 관심을 끌게 되어 제도의제(institutional
agenda)로 변환되게 되나, 이슈가 확장되는 확장경로와 체제의제에서
제도의제로 전환되는 경로에는 이를 촉진시키거나 방해하는 수많은 요인
들이 작용한다.

Cobb와 Elder가 제시하는 이슈 확산 전략이란 어떤 '이슈의 정의'를

---

190) Cobb, Roger W., and Charles D. Elder. "Symbolic identifications
and political behavior." American Politics Quarterly 4.3 (1976):
305-332.

'상징'과 '대중매체'를 활용하여 확산시키는 것이다. 확산전략의 핵심 변수는 이슈의 정의, 상징, 대중매체의 3가지인데, 어떤 이슈가 체제의 제에 접근할 수 있는 길은 갈등의 세 가지 차원인 범위(scope), 강도(intensity), 가시성(visibility)과 관련되어 있다. 갈등의 범위란 갈등에 실제로 관련된 사람들과 집단들의 수이며, 갈등의 강도는 경쟁 관계에 있는 집단들의 자기 입장에 대한 의지(commitment)의 정도를 말하며, 갈등의 가시성이란 갈등의 귀결을 알세 될 사람들과 집단들의 수를 의미한다. 갈등은 그 범위가 확산될수록 가시성은 커지고 가시성이 커질수록 갈등의 범위는 더욱 확장되므로, 특정 이슈를 체제의제로 전환시키려면, 갈등의 범위와 가시도가 확산되고 높아질 수 있도록 정의 내려야한다. 이슈의 상징성이란 이슈 확장에서 특정의 이슈를 그 사회에서 수용이 되는 상징과 결부시키는 것으로 새 이슈에 낯익고 적극적인 상징을 사용하여 호의적인 반응을 획득할 수 있으며 대중매체는 사람들의 관심을 특정 이슈에 집중시킬 수 있다.

② 동원모형

동원모형(mobilization model)은 정책결정자가 정책에 포함되어 있는 이슈를 제도의제에서 공중의제로 이동시키고자 하는 경우로서, 정책집행을 위해 필요한 관심과 지지를 얻으려고 노력하는 과정을 설명해 준다. 동원모형은 보통 우리가 알고 있는 정책의제 설정이론(agenda setting theory)과는 크게 다른 점이 있는데, 이는 동원모형에서는 정부의 정책의 효과적인 집행을 위하여 이슈를 공중에 확장하는 것을 다루고 있는 만큼 집행단계에 초점을 두고 있다.191)

---

191) Cobb, Roger W., and Charles D. Elder. "Symbolic identifications

동원모형에서 이슈를 체제의제로 확장하려면 외부주도형과 동일하게 이슈의 특성과 물질적 자원이 중요하다. 단, 동원모형에서는 외부주도형에서의 외부집단보다 물질적 자원을 더 풍부하게 갖고 있으므로 여기서의 관건은 이슈의 특성에 달려 있게 된다. Cobb, et al. (1976)은 전략의 성패를 좌우하는 요인으로서 계획과정이 잘 되느냐, 못 되느냐 하는 것과 조직구조(organization structure)를 또한 예시하고 있다.192)

③ 내부 접근 모형

내부 접근 모형(inside access model)이라는 제3의 모형은 공중 참여의 배제를 시도하는 정책의제 설정모형으로서, 최초의 정책제안은 정부 단위 내부 혹은 측근 집단에서 일어나고, 이슈는 공중에 확장되지 않는다. 즉, 문제 제기자는 이슈가 공중의제에 확장되는 것을 의도적으로 저해코자한다는 것이다.

3. 기후 변화 적응 관련 어젠다 설정의 특성

1) 이전 시기의 어젠다 수립의 과정들

로마클럽에 의해 클럽 로마 보고서가 발간되자, 전 세계는 자원의 유한성에 대한 논의로 각국의 정책 어젠다화로 분주한 시기를 보내

---

and political behavior." American Politics Quarterly 4.3 (1976): 305-332.
192) Powell, Martin. "Agenda-setting in health care policy." Research Handbook on Health Care Policy. Edward Elgar Publishing, 2024. 14-29.

었다. 이들의 보고서가 나온 1972년 이후, 바로 1973년 가을에 제 1차 오일 쇼크가 오면서, 천연 자원 특히 화석 연료의 유한성에 대한 대책의 필요성을 촉구하는 목소리가 강화되기 시작했는데, 이는 전형 적으로 어젠다화가 된 것으로 볼 수 있다.193)

로마클럽 보고서의 목소리를 낸 것은 이미 맬서스가 성장의 한계 에 대한 논점을 제시한 바 있으므로, 로마 클럽은 맬서스 이론의 20 세기 버전으로 볼 수 있다.194)

시에라 클럽은 어젠다 설정에 영향을 미친 다른 예가 되는데, 이 단체는 1892년에 설립된 미국의 환경 보호 단체로, 자연 보호, 지속 가능한 환경 정책 촉진, 그리고 기후 변화와 같은 문제에 대한 인식 을 높이기 위해 활동하고 자원 보존, 공원 및 야생지 보호, 청정 에너 지 촉진 등을 목표로 하고 있으며, 어젠다 성립 과정 상 이익집단이 나 비공식집단의 역할을 수행하는 예가 될 수 있다.195)

이후 기후변화의 논의가 활발해 지면서, 국제 기구들에서 기후변화 이슈를 다루기 시작했고, 범 정부간 협의체로서 IPCC가 운영되고 있 다. IPCC(Intergovernmental Panel on Climate Change)는 1988년에 설립된 정부 간 기후 변화 패널로, 기후 변화와 그 영향에 대한 과학적 정보를 평가하고 제공하는 국제 기구인데, 유엔 환경 계 획(UNEP)과 세계 기상 기구(WMO)의 공동 주도로 운영되며, 세계

---

193) Petushkova, V. V. "From the Limits to Growth to Sustainable Development: to the 50th Anniversary of the Report to the Club of Rome â€ œLimits to Growthâ€." Outlines of global transformations: politics, economics, law 16.1 (2024).

194) Kümmel, Reiner. "Entropy and the Limits to Growth." Entropy 26.6 (2024): 489.

195) Riedy, Christopher. "Earth for all: Five policy turnarounds for a sustainable world." Action Research (2024)
Moyer, Alison O. "Houston, We Have a Problem: The DC Circuit Closes Pathway to National Judicial Review in Sierra Club v. Environmental Protection Agency." Villanova Environmental Law Journal 35.2 (2024): 359.

각국의 정부와 과학자들로 구성된 팀이 협력하여 기후 변화에 대한 최신 과학적 데이터와 분석을 바탕으로 정기적으로 보고서를 발간하며, 이를 통해 정책 결정자들에게 기후 변화 문제에 대한 인식을 높이고, 효과적인 대응 방안을 제시하고 있다. IPCC의 보고서는 기후 변화의 원인, 영향, 적응 및 완화 전략에 관한 중요한 정보의 공급원으로 평가받고 있으며, 이점에서는 어젠다 설정에 큰 영향을 주고 있다.[196] 최근에 파리 기후협정이후 1.5도씨 가설에 대한 홍보 등 역할을 담당한 점도 주목할 만하다.[197]

2) 주요 특징들

(1)이해 관계자 집단

기후 변화에 관한 한, 다른 정책 이슈처럼 다양한 이해 관계자 집단이 존재한다. 이론적으로는 하위정부나 아이언 트라이앵글로 불리는 이해관계를 공유하는 세력들이 존재하며, 이들 동일 이해관계자 집단 내에서도 정책의 세부적인 내용에 대하여는 입장 차이가 존재할 만큼 최근의 정책들은 정교하고 복잡한 면이 있다.

---

196) Solecki, William, Debra Roberts, and Karen C. Seto. "Strategies to improve the impact of the IPCC Special Report on Climate Change and Cities." Nature Climate Change 14.7 (2024): 685-691.

197) McCulloch, Malcolm T., et al. "300 years of sclerosponge thermometry shows global warming has exceeded 1.5 C." Nature Climate Change 14.2 (2024): 171-177.
Jaiswal, Sreeja, Aravindhan Nagarajan, and Akhil Mythri. "Projecting a food insecure world: Equity implications of land-based mitigation in IPCC mitigation pathways." Environmental Science & Policy 155 (2024): 103724.

(2) 과학자와 정부 입장간 차이 가능성

정부와 과학자 집단 간의 관계는 크게 4가지로 대분 된다.

첫째는 '순수 과학자(The Pure Scientist)' 유형이다. 이 유형의 과학자들은 연구자인 과학자로서 발견한 '사실'에 초점을 두며, 정부나 공공 부문 혹은 민간 부문의 의사결정자들과의 접촉은 하지 않는다.

둘째 유형은 중개자(The Science Arbiter)로 불리는 유형인데, 이들은 의사 결정자로부터 제기된 '사실'에 기반한 질문에 답변을 하거나 할 준비가 된 사람들이다.198)

셋째 유형은 이슈 옹호자(Issue Advocate)로 불리는데, 이 그룹의 과학자들은 의사결정자가 가지고 있는 선택의 폭을 좁혀 주는 역할을 하고자 한다. 즉, 자신이 지지하는 어떤 선택지가 의사결정자에게 선택되도록 노력하는 과학자 유형이다.199)

넷째 유형은 정직한 중개자(The Honest Broker of Policy Options)로 불리는 그룹인데, 이들은 의사결정자에게 가용한 선택의 범위를 확대해 주거나, 최소한 명확히 해주는 역할을 맡으려 한다.200)

물론 이 4가지 유형의 구분이 완전히 무 자르듯 되지는 않을 수 있고, 동일한 한 과학자도 시기에 따라서 이 4가지 유형의 스펙트럼을

---

198) Walker, Vern R. "The myth of science as a neutral arbiter for triggering precautions." BC Int'l & Comp. L. Rev. 26 (2003): 197.

199) Lackey, Robert T. "Science, scientists, and policy advocacy." Conservation Biology 21.1 (2007): 12-17.
Scott, J. Michael, et al. "Policy advocacy in science: prevalence, perspectives, and implications for conservation biologists." Conservation Biology (2007): 29-35.
Weiss, Charles. "Scientific uncertainty in advising and advocacy." Technology in society 24.4 (2002): 375-386.

200) Roger Pieke, "The Honest Broker," Bridges, Austrian Office of Science and Technoloyg. April 2007
Roger Pieke, The Honest Broker: Making Sense of Science in Policy and Politics. Cambridge University Press. Cambridge. 2007

오갈 수 도 있으나201), 이 분류는 일반인들에게 과학자들이 언급하는 어떤 발견이나 사실이라 불리는 어떤 컨텐츠도 완전히 자유롭지 못한 경우가 많다는 것을 시사해 주는 기여를 하고 있다.

또한 과학 커뮤니티와 정부의 관계에는 과학자 그룹 이외에도 이슈네트워크나 NGO 등 일반인들과 전문가가 혼합된 단체들도 참여를 하게 되는데, 정부로서는 옥석을 가려야 하는 어려움에 직면케 된다. 과학자 그룹들과 정부의 관계에서도 과학자 그룹은 근본적인 문제 해결이나 원인 규명을 원할 경우가 있는데 비하여, 정부 관료나 정치인들은 어느 나라의 경우나, 활동 상의 제약 요건이 다수 존재하고, 임기가 있는 경우도 있어서, 과학자들이 원하는 근본적인 규명이나 해결책 마련으로부터는 벗어나고 싶어하는 경향을 가질 가능성이 많으며, 극단적인 경우에는 일류 과학자라 하더라도 정부 입장에서는 같이 입장을 밝히는 것이 부담되는 상황도 나타날 수 있다.

(3) 비가역성

기후 변화와 관한한 다른 정책 영역과 확연히 구분되는 특징은 비가역성일 것이다. 일정 수준 이상을 넘어서서 악화된 상황이 돌이키기 어려운 역치(threshold)가 존재한다는 것이다. 이점은 환경 및 기후변화에 대한 투자의 적확한 시기에 대한 논쟁으로 이어져 왔다. 즉, 즉시 투자 해야 한다 vs. 기술이 확보된 후에 투자해야 한다의 논쟁이 사실상 지속되어 온 것으로 알 수 있다.202)

---

201) Gluckman, Peter D., Anne Bardsley, and Matthias Kaiser. "Brokerage at the science-policy interface: from conceptual framework to practical guidance." Humanities and Social Sciences Communications 8.1 (2021): 1-10.

(4) 미래시점의 현가화 /세대간 분담 이슈

위에서 언급된 투자 시기의 논쟁이 나타나는 근본적인 원인은 미래에 대한 불확실성 때문이다. 대부분의 장기투자는 사실상 미래세대의 투자 여력을 소모시킨다. 특히 미래세대의 인구가 감소하거나, 기술 개발의 불확실성이 존재할 때는 그러할 수 있다. 대형 인프라의 경우도 미래세대의 투자 여력과 선택지를 현 세대가 제약하는 모순적 상황이 전개된다는 공통점이 있는데,203) 여기에 기후변화의 경우, 지금 투자하는 대신 미래에 투자한다면 더 나은, 즉 비용이나 효과성 면에서 진보된 방법이 나타날 수 있는데, 왜 굳이 현 세대의 기술 수준으로 미래를 고착시키는지에 대한 논쟁이 어느 나라에나 전개 될 수 있다.

(5) 과학 이슈의 복합성

과학의 이슈들은 복잡하다. 과학자들도 자신의 분야가 아닌 분야에 대해서는 문외한일 경우도 발생한다. 문제는 과학의 이슈를 일반 대중이나 정부에 전달하고자 할 때의 표현 양식이다. 대개는 숫자로 특히 통계로 전달되는데, 단순한 숫자의 뉘앙스, 표현 방식뿐 아니라, 근본적으로는 조사 방법론의 영역에서 유래하는 편기(bias)가 존재한다.

---

202) Te Vrugt, Michael. "The five problems of irreversibility." Studies in History and Philosophy of Science Part A 87 (2021): 136-146.
203) d'Albis, Hippolyte, and Stefan Ambec. "Fair intergenerational sharing of a natural resource." Mathematical Social Sciences 59.2 (2010): 170-183.
Paek, Jessica JW, Daniela Goya-Tocchetto, and Kimberly A. Wade-Benzoni. "The Andrew Carnegie effect: Legacy motives increase the intergenerational allocation of wealth to collective causes." Social Psychological and Personality Science (2024): 19485506231201684.

이러한 특징은 과학 이슈가 정학히 전달되기도 어렵고, 왜곡될 가능성도 크고, 적절한 여론을 형성히기도 어렵다는 점을 시사한다.[204]

과학 이슈가 포함된 사회 현상으로 흔히 저질러지는 해석의 오류와 여기에서 파생될 수 있는 사례를 하나 소개해 본다. 미국의 지방 정부 단위 중 가장 하위단위로 카운티(county)가 있다. 미국에서 수행된 의료 연구에서 3,141개의 카운티를 대상으로 데이터 분석을 한 결과 신장암 발병률이 높은 곳들은 대부분 인구밀도가 낮은 시골 지역 중서부와 남부 및 서부에 있었다. 이 연구 결과를 해석할 때, 전통적인 보건학, 의학, 통계학, 사회학, 정책학 등 분야에서는 대개 이론에 기반한 혹은 이론이 없는 경우에도 데이터 기반의 가설들을 제시하곤 한다. 가능한 가설들을 예시해 보면,[205]

가설 1: 시골 원격지의 경제적 요인이 신장암 발병률을 높인다.

가설 2: 시골 원격지의 낮은 의료시설 접근 가능성이 신장암 발병률을 높인다.

가설3: 시골지역에선 고지방 음식을 즐기고, 음주와 흡연에 노출되기 쉬워 신장암 발병률을 높인다.

다른 가설들이 추가될 수 있으나, 위 가설들을 해설해보면, 하나의 스토리로 경제적으로 어려운 지역에선 전통적으로 이어진 고지방 음식과 음주 흡연을 하고, 의료시설 접근도 낮으니, 신장암 발병률을

204) Sabelli, Nora H. "Complexity, technology, science, and education." The Journal of the learning sciences 15.1 (2006): 5-9.
205) Kahneman, Daniel. "Thinking, fast and slow." Farrar, Straus and Giroux (2011).

높다는 것이 종합 형태의 가설이 된다.

추가적으로 **가설 4: 의료 보건 정보의 부족이 신장암 발병률을 높인다.** 와 같은 설정도 가능할 것이다.

문제는 이러한 가설들은 모두 가설 검증을 통과할 것이라는 점이다. 그럼, 다음은 통상적으로 정부의 예산 투입으로 이 문제들을 해결할 수 있도록 시골 원격지 소득 증대 사업, 병원 접근성 증대 사업, 보건 정보 제공 사업을 시행하면 된다는 결론으로 이어지게 된다.

가장 근본적인 오류는 시골 원격지에 있는 카운티에는 인구숫자가 절대적으로 작기 때문에 1명만 신장암 발병을 해도 비율상 높은 발병 지역이 된다는 점이다. 결국, 신장암의 발병률이 인구가 적은 주에서 정상치보다 낮거나 높게 나오는 것보다는 표본 추출의 우연성으로 그렇게 보이는 경우로 해석함이 타당한 것이다. 이렇게 과학적 이슈가 포함되는 사회 현상은 무척이나 과학적으로 해결될 것 같으면서도, 상식적이지 않은 통계의 원칙을 거스르는 오류로 이어질 가능성마저도 갖고 있다.

이러한 에 하나를 더 소개하면 미국 교육부의 Smaller Learning Communities Program(소규모 학습 커뮤니티 사업)의 정책 설계 실패 사례인데, 이 사업과 관련된 빌게이츠 재단의 사업을 살펴보면, 정책화 과정이 겪는 난제들을 볼 수 있다.

미국 교육부의 Smaller Learning Communities (SLC) Program은 2000년에 시작된 교육 정책으로, 고등학교의 학습 환경을 더 작은 단위로 나누어 학생들의 학업 성취도와 전반적인 학교 생활의 질을 개선하는 것을 목표로 한 프로그램으로 대규모 고등학교에서 학생들이 겪을 수 있는 익명성을 줄이고, 더 개인화된 학습 환경을 제공하여 학생들이 교사

및 또래와 더 긴밀한 관계를 형성할 수 있도록 정책 설계를 하였다.206)

주요 목표

이 사업은 학습 환경의 개인화, 교사와 학생 간의 관계 강화, 학생의 전인적 성장 촉진이라는 3대 목표를 갖고 추진되었다.

학습 환경의 개인화를 통하여 학생들이 더 작은 공동체 안에서 개별적인 관심과 지원을 받을 수 있도록 하여 학업 성취도와 참여도를 높이는 것을 지향하였고, 교사와 학생 간의 관계 강화를 통해 교사들이 학생들을 더 잘 이해하고 지도할 수 있도록, 학생 수를 줄여 보다 심층적인 교육적 상호작용이 가능하도록 하였고,

학생의 전인적 성장 촉진이라는 목표를 통하여 학업 성과뿐만 아니라 사회적 및 정서적 성장도 함께 지원함으로써 학생의 전반적인 학교 경험을 개선하고자 하였다.

실행 방식으로는 구체적으로 고등학교를 약 100명에서 200명의 학생이 포함된 소규모 학습 공동체로 나누어 운영하되, 공동체는 특정 학문적 주제나 학제적 접근을 중심으로 구성될 수 있음도록 했고, 교사들은 동일한 공동체 내에서 협력하여 다양한 과목을 가르치며 학생들과 더 긴밀한 관계를 맺으며, SLC 프로그램은 학습 환경의 개인화를 통해 학생들의 학업 성취도와 학교 생활의 질을 개선하려 하였다.

---

206) Lee, Moosung, and Tom Friedrich. "Thesmaller'the school, the better? the Smaller Learning Communities (SLC) program in US high schools." Improving Schools 10.3 (2007): 261-282.
Fong, Jennifer Lee. A quantitative and qualitative review of California high schools with smaller learning communities. University of California, Berkeley, 2007.

미국 교육부의 Smaller Learning Communities (SLC) Program
은 시기적으로는 2000년에 시작된 교육 정책으로, 학업 및 사회적 지원
을 더 잘 받을 수 있도록 설계되었으나, 정책 실패 사례로 기록되어
있다.

실패 원인

SLC 프로그램은 몇 가지 주요 이유로 인해 장기적인 성공을 거두
지 못하였다.[207]

첫째는 자원의 부족이다. 프로그램의 효과적인 운영에는 추가적인
교사, 예산, 훈련 등 자원이 필요했지만, 많은 학교는 이러한 자원을
충분히 제공하지 못했다.

둘째, 불균등한 실행이다. 학교마다 프로그램을 시행하는 방식이
달랐으며, 일관된 접근 방식을 채택하지 못해 결과에 차이가 발생하
였고, 셋째, 제한된 교육적 혜택으로 단순히 학습 공동체를 소규모로
나눈 것만으로는 학업 성취도 향상이 보장되지 않았다는 데 태생적
한계를 노정하였다.

마지막으로는 구조적 문제로 기존의 교육 시스템과의 충돌로 인해
프로그램의 실행이 어려웠는데, 학교 구조와 교육 방식이 큰 변화를
요구받았지만, 이를 실현하기 어려운 제약 요건들이 존재하였다. 이
러한 이유로, SLC 프로그램은 일부 긍정적인 단기 성과에도 불구하
고 지속 가능한 성과를 내는 데 실패했고, 전반적으로 일관성과 자원

---

207) Saito, Eisuke. "Detecting Weak Feedback from Students
Experiencing Safety Issues: A Critical Discussion from the
Perspective of the School as Learning Community." Educational
Studies in Japan 18 (2024): 93-103.

부족으로 인해 성공적이지 못한 프로그램으로 평가되었다.

(6) 거래 비용 관점

위에서 제시된 세대 간 비용분담의 문제, 현상으로서의 비가역성, 이해 집단의 존재는 모두 기후 변화 이슈가 정책화 될 때의 거래 비용이 낮지 않음을 시사해 준다. 즉 어젠다로서 성립되기까지도 많은 노력이 필요하고, 이후에도 실제의 정책 추진 즉 집행 단계에서도 거래 비용이 크게 작용할 가능성이 있는데, 거래 비용 관련해서는, 기후 변화와 관련된 연구 개발 내용들이 흔히 말하는 "자산 특수성(asset specificity)"이 큰, 즉 다른 용도로의 전용이 쉽지 않은 점이 거래 비용을 증가시키는 요인으로 작용할 가능성이 크다는 점이다.208)

(7) 사례

위와 같은 과학 이슈의 특성을 보여 주는 기후변화 분야의 예를 하나를 소개할 수 있다. 이는 2012년 미국의 노스 캐롤라이나 주에서 입법화된 해수면 상승부인법안이다. 당시에도 기후변화로 인한 해수면 상승에 대한 이론적 실증적 논쟁이 여러 나라에서 진행 중이었고, 대체적으로 해수면 상승은 피하기 어려운 현실이라는 점에서 어느 정도 공감대가 형성되고 있던 시기였는데209), 이 법안이 나오게 된

---

208) Hambel, Christoph, Holger Kraft, and Frederick van der Ploeg. "Asset diversification versus climate action." International Economic Review 65.3 (2024): 1323-1355.

209) Covi, Michelle P., Jennifer F. Brewer, and Donna J. Kain. "Sea level rise hazardscapes of North Carolina: Perceptions of risk and prospects for policy." Ocean & Coastal Management 212 (2021): 105809.

배경에는 해수면 상승은 기후변화에서 올 수 있으나, 이 기후변화가
화석 연료 사용에 기인한다는 인과성을 부인하고자 하거나 과학자들
의 영향력에 우려하는 세력이나 사람들이 동기를 부여한 것으로 이
해되고 있다.210)

이 법안의 정식 명칭은 공식적으로는 "해수면 상승에 대한 과학적
평가 제한 법안"이며 법안의 주된 목적은 해수면 상승에 대한 논의를
정치적 논쟁으로부터 분리하고, 주 정부가 경제적 영향을 고려하도록
하는 것을 목적으로 하고, 주 정부가 해수면 상승을 예측하는 데 사
용되는 과학적 모델과 데이터를 제한하여, 이를 기반으로 한 정책 결
정이 쉽지 않게 된 점이 단기적 귀결이었는데, 당연히 과학자들과 환
경 단체들로부터 비판을 받은 바 있다.

제3절 정책 집행의 이슈들과 이론들

1. 정책집행의 중요성

앞의 장과 절을 통하여 기후변화 대응 및 적응을 위해선 어떤 유형

Higgins, Megan. "Legal and policy impacts of sea level rise to
beaches and coastal property." Sea Grant L. & Pol'y J. 1 (2008): 43.

210) Beach, Dana, and Kim Diana Connolly. "A retrospective on Lucas
v. South Carolina Coastal Council: Public policy implications for
the 21st century." Se. Envtl. LJ 12 (2003): 1.
Opt, Susan, and Russanne Low. "Dividing and uniting through
naming: the case of North Carolina's sea-level-rise policy."
Environmental Communication 11.2 (2017): 218-230.
Hawes, Ellen P. "Coastal natural hazards mitigation: the erosion
of regulatory retreat in South Carolina." SC Envtl. LJ 7 (1998): 55.

의 특화된 조직 특히 연구 및 집행형 조직이 필요할 것으로 판단하여 그 조직의 기능에 대한 논의를 제시하였고, 그 조직과 우리 사회에서 추진할 기후변화에 대한 정책 의제와 관한 특성들을 살펴 보았다. 그런데, 이 조직은 단순히 연구형의 조직이기보다는 이 조직을 포함하여 기후변화 관련된 어떤 정책이나 시책들의 집행이 갖는 의미를 살펴보는 것이 필요하여 제4절에서는 집행에 집중된 논의를 진행해 본다.

정책집행의 의의

정책목표를 달성하는 것은 성공적인 정책집행을 통하여 가능해지는데, 종전에는 정책 결정이 잘 이루어지기만 하면, 집행은 거의 '자동적'으로 잘 집행될 것을 기대해 왔으나, 경험적 사례들을 통해 그렇지 않다는 것이 드러나면서[211] 정책집행은 정책결정과 정책평가를 연결하는 고리 역할을 하는 과정으로, 정책의 성패가 결정되는 아주 중요한 과정이라는 인식이 증대되었다. 기후변화 및 재난 대비에 관한 분야도 예외는 아닐 것이다.

2. 정책집행의 주요 이론들

고전적 정책 모형에서는 정책결정과 집행이 계층제적인 상하관계로 명확히 구분되는 것으로 간주되었으나, 1970년대 이래의 경험적 연구들을 통해 양자가 경계가 명확히 구분되지 않고, 상호 영향을 주

---

211) Masud, Shafaq, and Ahmad Khan. "Policy implementation barriers in climate change adaptation: The case of Pakistan." Environmental Policy and Governance 34.1 (2024): 42-52.

고받는 관계임이 밝혀졌다. 전통적 정책모형에서는 정책결정 과정만을 강조하여, 상대적으로 집행을 경시하였으나,212) 실제 정책집행 과정의 연구가 요구된다는 것에 이제 공감대가 이루어졌다.213)

1) Pressman과 Wildavsky의 단일 방향적 집행

(1) 배경

1970년대에 들어와서 정책집행에 관한 연구의 선구적인 역할을 한 것이 Pressman과 Wildavsky의 『집행론』(1973)이다.214) 이들은 미국 상무부의 경제개발처(Economic Development Administration: EDA)가 캘리포니아에 있는 오클랜드 도시지역의 인종문제와 실업자 구제를 해결하기 위한 일환으로 벌인 사업의 집행과정을 분석한 사업연구이다.215)

(2) 주요 내용

---

212) Knill, Christoph, Yves Steinebach, and Dionys Zink. "How policy growth affects policy implementation: bureaucratic overload and policy triage." Journal of European Public Policy 31.2 (2024): 324-351.
213) 집행 이론에는 사실 너무 다양한 이론들이 제시되어 있는데, 이중에서 가장 대표적이고 이 책의 주제에 부합하는 적확한 이론들을 제시해 본다.
214) Pressman, Jeffrey L., and Aaron Wildavsky. Implementation: How great expectations in Washington are dashed in Oakland; Or, why it's amazing that federal programs work at all, this being a saga of the Economic Development Administration as told by two sympathetic observers who seek to build morals on a foundation. Vol. 708. Univ of California Press, 1984.
215) Bowen, Elinor R. "The Pressman-Wildavsky paradox: Four addenda or why models based on probability theory can predict implementation success and suggest useful tactical advice for implementers." Journal of Public Policy 2.1 (1982): 1-21.

두 저자인 Pressman과 Wildavsky는 이 오클랜드사업의 과정을 상세히 분석하여 사업이 좌절한 요인을 밝혀내고 그로부터 교훈을 얻으려는 것을 연구 목적으로 삼았으며, 이들이 도출한 교훈은 다음과 같다.

먼저, 집행을 정책과 분리 시킬 수 없고, 집행은 또 다른 정책결정이라는 것이다. 즉, 정책을 수립할 단계에서 집행단계의 가능한 문제점을 예상해야 하나, 현실적으로는 이런 대비가 쉽지 않다. 오클랜드사업의 중요한 실패원인은 관련된 중간기관(intermediaries)들이 너무 많아 수많은 결정점(decision point)들이 존재하여 집행의 확률을 극도로 낮추었다는 데 있다. 또한 정책수단과 목표 간에 인과관계가 성립되지 않으면 수단을 실현해도 목표를 달성하지 못하게 되며, 집행과정상에 갑자기 책임자가 바뀌게 되면 사업이 집행에 차질이 생기게 됨을 경험적 사례로 제시하였다.216)

Pressman과 Wildavsky는 정책이 지도자들에 의해 형성되고, 집행자들을 통하여 수행된다는 단일 방향성(unidirectional) 정책과정을 가정하나, 또 다른 결정의 연속인 집행의 중요성을 부각시킨 데에 기여점이 있다고 할 수 있다.217) 즉 결정자들은 결정에 이른 단계까지의 난이도를 고려할 때, 집행은 자동화된 과정을 생각하지만, 사실은 집행 단계 자체의 난이도도 상당하다는 점을 시사점으로 던져 주었다.

---

216) Hupe, Peter L. "10. Revisiting Pressman and Wildavsky: implementation and the thickness of hierarchy." Policy, Performance and Management in Governance and Intergovernmental Relations (2011): 156.
217) Hogwood, Brian, and Lewis Gunn. "Why 'perfect implementation' is unattainable." Policy Process. Routledge, 2014. 217-225.

2) Elmore의 후방향적 집행분석론

Elmore(1979)는 전통적인 집행에 대한 접근법이 전방향적 접근방법이라고 규정하면서, 자신의 접근방법인 후방향적 접근방법을 통한 집행 분석이 정책 집행의 연구에 보다 유용하다고 보았다.

(1) 전방향적 접근방법(Forward Mapping)

전통적인 집행에 관한 연구방법인 전방향적 접근방법은 정책결정자가 목표를 분명히 하고, 목표 실현을 위한 집행자들의 행위를 각 단계별로 구체화하며, 최종 집행단계에서 나타날 성과를 정책결정자의 원 의도와 비교 분석하는 것을 말한다.[218] 여기서의 전방향적 접근방법이 의미하는 것은 전통적으로 널리 알려져 온 정책분석이나 관리과학에서 사용되어 온 표준화된 절차(SOP)나 Top Down식 통제와 일치하는데, 원활한 작동을 위해선 정책결정자들이 집행에 영향을 미치는 여러 조직적 정치적 및 기술적 과정들에 대한 통제력을 구비해야 하는 가정이 필요하다. 현실에서 이러한 가정이 실효성을 갖는지 의문시 된다는 것이 엘모어의 출발점이다.

(2) 후방향적 접근방법 (Backward Mapping)

후방향적 접근방법은 집행과정 상의 일선 행정조직의 행태에 초점을 맞추어서 집행구조를 따라 역으로 거슬러 올라가면서 집행담당기관의 능력이나 소요자원 등을 검토하며, 최종적으로는 분석가나 정책

---

218) Elmore, Richard F. "Backward mapping: Implementation research and policy decisions." Political science quarterly 94.4 (1979): 601-616.

결정자가 집행에 영향력 있는 조직단위에 자원을 집중시키는 노력을 기울이게 되는 것을 묘사하고 있다.[219] 전방향적 접근방법이 '정책 결정자의 능력과 영향력을 토대로 한 계서제적 관계를 중시하는 데 비하여, 후방향적 접근방법에서는 '문제의 근원'에 가까이 있는 관료의 지식과 능력을 강조한다.[220] 이 점은 Michael Lipsky의 Street Level Bureaucracy에서 논의하고 있는 점과 같은 맥락이다.

3) 고긴의 제3세대 집행연구

Goggin, et al.(1990)은 집행연구를 제1세대와 2세대 집행연구로 구분하고 집행연구가 진일보하기 위해서는 과학적인 연구방법인 개발된 제3세대 집행연구가 되어야 한다고 주장하였다.[221]

제 1세대 집행연구는 하향식 시각을 지니고 전방향적 도식화(forward mapping)와 거시적 분석(macro-analysis)을 추구하였는데, 이들의 기여는 첫째, 정책집행은 자동적인 과정이 아니고 복잡성과 동태성이 그 특징인 것을 보였고, 둘째, 집행과정에서 주정부, 지방정부 및 여러 이익집단의 역할을 보였으며, 셋째, 정책이 원래 의도한 목표를 성취하지 못하는 이유를 파악한 점이었다. 제 2세대의 집행연구는 제 1세대 집행연구에 비해 미시적 분석을 시도하여 좀

219) Elmore, Richard F. "Forward and backword mapping: Reversible logic in the analysis of public policy." Policy implementation in federal and unitary systems: Questions of analysis and design. Dordrecht: Springer Netherlands, 1985. 33-70.
220) Dada, Robin. "Richard Elmore." The Palgrave Handbook of Educational Thinkers. Cham: Springer International Publishing, 2024. 1323-1337.
221) Goggin, Malcolm Lowery. Implementing Public Policy: Outputs--process--outcomes Linkages and the Politics of Health and Welfare. Stanford University, 1981.

더 이론적인 접근을 하였는데, 이들은 집행이 정책마다 다르고, 시간의 흐름에 따라 변하며, 주정부나 지방정부의 정책의도와는 다르게 집행된다는 것을 보인 것이었다.222)

제 3세대 집행연구는 다음과 같은 특징을 갖는다고 주장하였는데, 첫째, 정책집행에 영향을 미치는 변수는 많고, 또한 그 변수들 간의 인과적 관계는 매우 복잡함을 반영하고, 둘째, 집행은 시간이 지남에 따라 변하며 집행과정과 결과는 연방정부에서 주정부로, 주정부에서 지방정부로 경로가 진행될 때 변한다는 점, 셋째, 집행결과의 다양성으로 어떤 정책이 집행되었을 때 각 주 혹은 각 지방정부에서 나타나는 집행결과가 다르다는 점을 반영하는 이론을 말한다.223)

특히, 집행연구의 대상은 정부정책집행 (intergovernmental implementation) 인데, 정부 간 정책집행은 명령과 복종의 직선형 인과관계로 설명될 수 없고, 상호작용적 요인으로 집행의 결과는 단위정부마다 다르고 정책마다 상이하고 다양하다는 것에 착안하여, 정부 간 관계를 몇 유형으로 대분하였는데, 반항(defiance)은 주정부가 연방정부 정책의 집행을 연기, 수정하여 의도된 정책목표를 제대로 성취하지 못하는 경우를 말하고, 연기(delay)는 주정부가 연방정부 정책의 집행을 연기하는 것을, 전략적 연기(strategic delay)는 주정부가 연방정부의 정책을 자신의 상황에 맞도록 수정하기 위해 집행을 연기하는 경우를 말하며, 순응(compliance)은 주정부가 연방정부의 정책을 집행함으로써 연기없이 정책 목표가 성취되는 것을 말한다고 보았다.224)

---

222) Cline, Kurt D. "Defining the implementation problem: Organizational management versus cooperation." Journal of Public Administration Research and Theory 10.3 (2000): 551-572.
223) Goggin, Malcolm L. "Implementation theory and practice: Toward a third generation." (No Title) (1990).

3. 기후변화 정책 집행 과정상의 현실적인 이슈들과 제한점들

유엔 기후변화회의(UNFCCC COP 29)와 유엔 생물다양성회의 (CBD COP 16)는 미래의 시간표를 중심으로 과학적 목표를 경제적 변화와 협력적 행동과 조화시키기 위해 노력하는 집단적 노력의 예인데, 종종 간과되는 것은 목표를 결과로 전환하는 과정에서 나타나는 미시적 수준의 기술적 혹은 일상적인 행정적 절차와 업무로 인한 지연의 효과가 나타나는 점이다..

기후변화에 관한 파리 협정이 첫 10주년을 맞이하면서, 1.5°C 온도 목표가 달성되지 않을 가능성은 포츠담 연구소의 보고서를 통해 나타났는데, 이행 점검결과는 41개국에서 1,500개의 국내 조치를 검토한 결과, 63개만이 효과적이고 비용 효율적인 기후 완화 결과를 도출했다고 결론지었다.[225]

대부분의 효과적인 감축은 규제나 보조금과 같은 단일 주요 도구보다는 규제, 기준 및 녹색 보조금을 포함하는 배출량 감축 정책 조치들 간의 상호작용에서 비롯된다. [226]

---

224) Lamb, Charles M. "Implementation Theory and Practice: Toward a Third Generation. By Malcolm L. Goggin, Ann O. Bowman, James P. Lester, and Laurence J. O'TooleJr,. Glenview, IL: Scott, Foresman and Little, Brown, 1990. 230p. paper." American Political Science Review 85.1 (1991): 267-268.

225) Donnelly, Chantal, et al. "Impacts of climate change on European hydrology at 1.5, 2 and 3 degrees mean global warming above preindustrial level." Climatic Change 143 (2017): 13-26.

226) Oikonomou, Vlasis, and Catrinus J. Jepma. "A framework on interactions of climate and energy policy instruments." Mitigation and Adaptation Strategies for Global Change 13 (2008): 131-156.

예컨대, 탄소 가격 및 배출권 거래와 같은 단일의 시장 기반 조치로 결과가 얻어지기보다는[227] 자동차 연료에 적용된 탄소 가격은 신뢰할 수 있는 대중교통, 세금 감면이나 환급을 통해 접근성을 높인 저렴한 전기차(EV), 더 나은 전기차 충전 인프라 등 대체 가능한 저탄소 옵션으로의 선택지를 줄 때 그 전환을 더욱 장려할 수 있으므로[228], 보다 많고 정교한 정책들이 추가되고 있다.[229] 예를 들어, 캘리포니아는 일부 전기 트럭 소유자가 전력망에 전력을 다시 판매할 수 있는 시범 프로그램을 운영하고 있으며, 심지어 가격이 높은 피크 시간대에도 가능하다. 양방향 또는 차량-전력망 프로그램도 점차 도입되고 있다.

그러나 너무 많은 정책들이 조화를 이루지 못하거나, 더 나아가 한 조치가 다른 조치를 무효화하는 경우가 많다. 물론 찬반의 논란이 있으나, 가장 심각한 예는, 환경적으로 유해한 보조금으로, 이는 토양과 수질 오염, 화석 연료 과다 사용, 남획 및 기타 비효율로 이어질 수도 있다.

정책 간 조율에 이어서, 정책학 분야에서 주목할 수 있는 점은 기후 정책이 확장됨에 따라 성공적인 이행은 효과적인 조정에 달려 있다는 점이다. 거의 모든 기후 완화 프레임워크는 규제, 성과 기준, 녹

227) Urwin, Kate, and Andrew Jordan. "Does public policy support or undermine climate change adaptation? Exploring policy interplay across different scales of governance." Global environmental change 18.1 (2008): 180-191.
228) Li, Ruiqian, and Ramakrishnan Ramanathan. "The interactive effect of environmental penalties and environmental subsidies on corporate environmental innovation: Is more better or worse?." Technological Forecasting and Social Change 200 (2024): 123193.
229) Henstra, Daniel. "The tools of climate adaptation policy: analysing instruments and instrument selection." Climate Policy 16.4 (2016): 496-521.

색 보조금, 재정 인센티브, 금융 부문에 대한 기후 위험 공시 규칙, 시장 기반 도구 및 조달을 포함한 다양한 조치들로 구성되고, 대부분은 에너지, 전기 및 운송에 중점을 두고 있으며, 산업 및 농업과 같은 이행이 어려운 부문까지 확장되게 된다. 즉, 기후 변화에 대한 정책 이행은 시간이 갈수록 정책의 복합도가 증가하고 있어서 앞서 집행 이론에서 살펴본 높은 난이도가 일상적인 상황이 될 가능성이 크며, 정책의 이행 면에서는 다양한 경로성을 인정할 수밖에 없다는 점이다. 개별의 정책들 간의 시너지로 최종적으로는 감축과 기후변화 대응이 이루어진다면 성공적인 정책이 될 터인데, 이 경우에도 정책들 간의 시너지가 기후변화 정책에 있어서 미덕인 점을 인정하는 것 이상으로 작은 개별 정책들 간의 인과성이나 연계성을 따져 보는 것은 부분적으로는 가능할 수 있으나, 완벽한 그림을 그리기는 점점 더 어려워져 갈 가능성이 크다는 점이다.

유럽 국가들, 중국, 미국 등 여러 국가들은 경쟁력과 탄소 목표를 연결하고 있으나, 녹색 산업 정책도 여전히 다른 대규모 정책 목표와 유사한 집행의 어려움이라는 도전에 직면해 있다.[230] 예를 들어, 미국의 인플레이션 감축법(IRA)은 이후에 정치 경제적 여건의 변화로 추진의 폭과 규모가 조정, 축소 또는 지연될 가능성이 존재하고 있다.[231]

230) Shobande, Olatunji A., et al. "Demystifying circular economy and inclusive green growth for promoting energy transition and carbon neutrality in Europe." Structural Change and Economic Dynamics (2024).

231) Guaita, Nahuel, and Jason K. Hansen. Analyzing the Inflation Reduction Act and the Bipartisan Infrastructure Law for Their Effects on Nuclear Cost Data. No. INL/RPT-23-72925-Rev000. Idaho National Laboratory (INL), Idaho Falls, ID (United States), 2024.
Larsen, Levi Morin, et al. "Effects of the US inflation reduction act on SMR economics." Frontiers in Nuclear Engineering 3 (2024): 1379414.

각 조치의 의도된 성과를 명확하게 매핑하지 못한 불명확한 정책 프레임워크, 시너지 효과에 대한 가정, 결과를 추적하고 속성을 지정하는 데 필요한 부적절한 데이터 측정 시스템, 불분명한 역할 및 책임, 그리고 불명확한 대중 소통 등이 집행을 어렵게 하는 이슈들인데, 이러한 여러나라들의 정책을 통해 공통적인 교훈들을 얻을 수 있다. 첫째, 기후 완화에 대한 공공 거버넌스 접근 방식에 있어서는 만능 해법이 없다는 것이다. 각국 정부는 서로 다른 시스템, 인센티브, 전통을 가지고 있다. 그럼에도 불구하고, 정부 기관들이나 국제기구와 같은 조직들을 통해 국가별 기후 완화에 대한 교훈을 공유할 수 있다.

두 번째 교훈은 기준점의 엄격함이 중요하다는 것이다.232) 가장 잘 설계되고 조정된 기후 완화 조치도 목표가 낮으면 예상치 못한 결과를 낳는다.

세 번째이자 가장 결정적인 기후 정책 성공 요인은 공정성과 형평성이다. 대중이 기후 행동을 지지하는 것은 그들이 느끼는 공정성에 달려 있으며233), 특정 산업이나 지역을 겨냥한 불공정하거나 과도하게 침해적인 정책은 저항에 직면할 가능성이 존재한다.

국가별 집행 사례

Decarbonization은 one-size-fits-all effort처럼 한 정책 유형이 모든 나라에 적용될 수 있는 것이 아니라 다양화와 개별화가 필요

---

232) https://sdg.iisd.org/commentary/guest-articles/early-lessons-from
-climate-policy-implementation/
233) Sunstein

한 부문이다. 위에서 집행이론의 특성에서 살펴 본 다양성이 나타나
는 영역이다.

페루

페루와 남아프리카의 교통 부문 탈탄소화

예를 들어, 페루의 리마는 세계에서 교통 혼잡이 가장 심각한 도시
중 하나로 평가받고 있다. 전체 이동의 60%가 대중교통을 통해 이루
어지지만, 개인 차량의 사용이 급격히 증가하면서 대기 오염, 교통사
고, 심각한 도로 혼잡을 초래하고 있다. 특히, 근로자의 3분의 1 이
상이 하루에 90분 이상 출퇴근에 소비하고 있다. 2010년, 페루 정부
는 자전거 이용 환경을 개선하고 자전거 이용을 촉진하기 위한 최초
의 전국적인 법을 제정했다. 하지만 이 법은 즉각적으로 자전거 친화
적인 투자를 이끌어내지는 못했으며, 2019년 리마에서 자전거를 이
용한 이동 비율은 전체 이동의 0.9%에 불과했다. 그러나 코로나19
팬데믹 동안 리마는 약 100km의 자전거 도로를 추가하고, 도로와
자전거 도로를 분리하는 조치를 취했다.[234] 이러한 조치는 일부 통
근자들이 자전거로 이동 수단을 전환하도록 유도했다. 리마에서 자전
거 이용률은 팬데믹 이전 3.7%에서 2021년 6.2%로 증가했다. 이 계
획은 자전거의 교통수단 점유율이 2019년 0.9%에서 2050년까지
11.6%로 증가할 것으로 예상하고 있으며, 이 프로젝트가 2030년까
지 리마에서 이산화탄소 환산량(tCO2e) 0.64톤, 2050년까지 1.03

---

234) Malerba, Daniele, et al. "Changing carbon footprints and the
consequent impacts of carbon taxes and cash transfers on
poverty and inequality across years: A Peruvian case study."
Energy Policy 192 (2024): 114246.

톤의 배출을 줄일 수 있을 것으로 추정한다. 이 진전을 바탕으로, 2040년까지 1,383km에 달하는 자전거 도로망을 구축할 계획이다.[235]

남아프리카에서는 아파르트헤이트의 유산으로 인해 주요 도시의 주민들이 집에서 직장까지 오랜 출퇴근 시간을 견뎌야 한다. 남아프리카의 국가 녹색 교통 전략(National Green Transport Strategy)에서는 버스 신속 환승 시스템(BRT)이 교통 혼잡과 교통 부문에서 급증하는 온실가스 배출 문제를 해결하는 방안 중 하나로 간주된다. 하지만 초기 BRT 시스템은 비용이 저렴해서 많은 주민들이 이용하는 느슨하게 규제된 미니버스와의 협력에 실패했다.[236] 케이프타운에서 진행된 시범 프로젝트는 미첼스플레인(Mitchell's Plain) 타운십 내외에서 미니버스 운영 경로와 일정을 조정했는데, 이 시스템이 보여준 효율성 증가는 사하라 이남 아프리카의 교통 부문에 새로운 가능성을 제시하며,[237] 아프리카 도시들을 더 살기 좋고 생산적이며 저탄소 집약적인 도시로 변화시킬 수 있는 방안을 제공할 수 있다.[238]

---

235) Feijoo, Felipe, et al. "Tradeoffs between economy wide future net zero and net negative economy systems: The case of Chile." Renewable and Sustainable Energy Reviews 207 (2025): 114945.
236) Afrane, Sandylove, et al. "Role of negative emission technologies in South Africa's pathway to net zero emissions by 2050." Energy for Sustainable Development 79 (2024): 101401.
237) Kukowski, Charlotte A., and Emma E. Garnett. "Tackling inequality is essential for behaviour change for net zero." Nature Climate Change 14.1 (2024): 2-4.
238) https://www.worldbank.org/en/news/feature/2023/09/19/climate-policies-with-real-world-results

튀르키에와 콜롬비아 사례

튀르키예와 콜롬비아의 건물 에너지 효율 개선

건물과 가전제품은 전 세계 에너지 소비의 약 30%를 차지하며, 이 산화탄소 배출의 27%를 책임지고 있다. 따라서 에너지 효율적인 건축은 잠재적인 게임 체인저가 될 수 있지만, 관료적 절차, 자금 조달, 낮은 인센티브, 그리고 관성 등이 지속 가능한 건축을 방해하는 요인으로 작용한다.[239] 튀르키예는 중앙 정부 건물 500채를 개조하고, 공공 건물 개조 시장을 확대하기 위한 이니셔티브를 시작했다. 현재까지 30개의 건물이 개조되었으며, 평균적으로 30%의 에너지 절감 효과를 보였다. 2023년에는 120개의 건물에서 추가 개조 작업이 시작되었다.[240]

녹색 건축 분야에서 콜롬비아는 놀라운 변화를 경험하고 있다. 콜롬비아는 2015년에 의무적인 녹색 건축 코드를 제정했다. 정부는 단열재와 에너지 효율적인 에어컨 시스템과 같은 기술적 해결책에 대한 세금 인센티브를 도입했고,[241] 세계은행의 민간 부문 기구인 국제금융공사(IFC)로부터 촉진 자금을 지원받았다. 2022년 말까지 콜

---

239) Baştuğ, Sedat, et al. "A decision-making framework for the funding of shipping decarbonization initiatives in non-EU countries: insights from Türkiye." Journal of Shipping and Trade 9.1 (2024): 12.

240) Kat, B., et al. "A new energy-economy-environment modeling framework: Insights from decarbonization of the Turkish power Sector towards net-zero Emission targets." Energy 302 (2024): 131760.

241) Isaacs, Andrew M., and Natàlia Costa I. Coromina. Net Zero Climate Commitments: Realistic Goal or Branding Exercise?. The Berkeley-Haas Case Series. University of California, Berkeley. Haas School of Business, 2024.

롬비아는 IFC의 EDGE 프로그램을 통해 1,150만 평방미터의 녹색 공간 인증을 받았으며, 2022년 한 해에만 신규 건축물의 27%가 EDGE 인증을 받았다.

사헬 지역의 토양 복원

농업이 주요 고용원이자 식량 안보의 핵심인 아프리카 사헬 지역에서는 건강한 토양이 중요한 경제 자산이다. 또한 토양은 지상 식물보다 세 배 더 많은 이산화탄소를 포함하고 있는 주요 탄소 흡수원이다. 이 소중한 자원을 보존하기 위해 농부들은 저비용으로 효과적인 전통적 농업 관행을 채택했다. 여기에는 농업 임업(agroforestry)과 전통적인 빗물 수집 기법을 활용해 강우를 모으고, 유출수를 줄이며, 토양을 복원하고 농업 생산성을 높이는 방법들이 포함된다.[242] 니제르에서는 농부가 관리하는 자연 재생 방식이 2003년부터 2008년까지 수확량을 16-30% 증가시켰고, 약 500만 헥타르의 나무를 추가로 식수하였다.[243]

파키스탄의 사례

파키스탄의 경험은 정책 실행상 장벽이 어떻게 적응을 저해하고

---

242) Nishigaki, Tomohiro, et al. "Pearl millet yield reduction by soil erosion and its recovery potential through fertilizer application on an Arenosol in the Sahel." Soil and Tillage Research 246 (2025): 106324.
243) Descroix, Luc, et al. "An Interdisciplinary Approach to Understand the Resilience of Agrosystems in the Sahel and West Africa." Sustainability 16.13 (2024): 5555.

극단적인 취약성에 대한 노출 위험을 증가시키는지에 대해 확인해 주는데, 그 중에는 (i) 정책 개발이 폐쇄적 또는 개방적 협의 과정으로 간주되는지 여부, (ii) 정책이 일반적인 문서로 여겨지는지 또는 구체적인 행동을 위한 도구로 간주되는지 여부, (iii) 정책 관리가 중앙 집중식으로 진행되는지 또는 분권화된 과정으로 인식되는지 여부가 포함된다. 파키스탄은 세계에서 기후 변화로 가장 큰 영향을 받는 국가 중 여덟 번째로 꼽힌다.[244]

결과적으로, 연방주의에 기반을 둔 상향식(top-down) 관리 구조가 잘못된 해석과 정책 실행자 간의 이해 부족, 정책 목표에 대한 잘못된 기대를 초래하는 공백을 만들었다는 논의가 도출되었는데, 이러한 불일치의 중요한 측면 중 하나는 정책 설계 및 개발 단계에서 주요 이해관계자 그룹의 포괄성이 부족하다는 점이며, 이는 다양한 장벽을 형성하고 여러 거버넌스 기관 간에 불신을 초래하는 결과를 낳은 것이다. 특히 분권화된 거버넌스에서 적응 관행의 이해 및 실행을 개선하기 위해선 기후 의사결정 과정에서의 참여 전제 조건을 면밀히 검토하는 것이 필요하게 된다.[245]

---

244) Aslam, Muhammad Wajahat, et al. "Low mercury risks in paddy soils across the Pakistan." Science of The Total Environment (2024): 173879.

245) Shafaq Masud, Ahmad Khan, "Policy implementation barriers in climate change adaptation: The case of Pakistan". Environmental Policy and Governance. Volume34, Issue1 February 2024. Pages 42-52

제4절 정책평가의 이슈들

기후변화에 대한 정책도 집행 이후에 평가를 필요로 한다. 일반적으로 모든 정책 유형에는 평가가 수반되는데, 이는 세금을 재원으로 하는 정책의 특성상 효과성과 효율성을 보장하는 것이 다음 시기의 정책 추진을 위한 정당성과 효과성을 보장할 수 있기 때문이다.

그런데 어느 분야나 정책에 대한 평가는 그리 쉬운 일이 아니다. 과학이나 기술분야를 포함하지 않는 비교적 단순한 구조의 배분 정책으로 예를 들어 식품을 나누어 주는 정책이라도 막상 평가 단계로 가보면 수많은 집행 단계, 그 이전 결정 단계의 제한점들로 인하여 정책 효과성을 보장키 어려운 경우가 수도 없이 많이 존재한다. 그러다보니 기후변화와 같이 과학적 지식과 분석에 기반하여 무엇인가를 정책으로 추진하면, 이에 대한 결과도 어느 정도로 수치로 나오는 것을 기대하겠으나 이마저도 쉽지 않은 과업이 되고 만다.

현재까지 우리나라나 미국 등 정책 평가에 관심을 가지고 이론과 실무를 발전시켜 온 국가들을 보면, 일반적인 정책 유형에 모두 과학적 방법론을 적용해보고자 하는 지향성을 가지고 있다.246) 이는 자연스럽게 통계적 방법은 기본이고, 복합적인 연구 방법론을 응용한 사실상의 연구 설계형 정책 평가를 이론에서 제시하고 있다.247) 반

---

246) DiNardo, John, and David S. Lee. "Program evaluation and research designs." Handbook of labor economics. Vol. 4. Elsevier, 2011. 463-536.
Wollmann, Hellmut. "Policy evaluation and evaluation research." Handbook of public policy analysis. Routledge, 2017. 419-428.
247) Vedung, Evert. Public policy and program evaluation. Routledge, 2017.
May, Henry. "Making statistics more meaningful for policy research and program evaluation." American Journal of evaluation 25.4 (2004): 525-540.

면 실무계에서는 이러한 방법론이 적용이 어려운 현실을 반영하여
진통적인 정성적인 평가 방법인 등급제와 점수제를 결합한 방식 등
이 활용되기도 한다. 이제 원론적으로 과학방법론 그 중에서도 과학
적 방법론인 사회과학분야에 적용된 방법론이 기반한 평가 이론들을
살펴보는데248), 이 이론과 모형들도 잠재적으로 기후변화 적응 부문
에도 적용될 수 있다.

1. 정책평가와 실험/ 비실험

기후 변화에 대한 정책을 포함하여 정책이 수반된 사회실험 기반
의 정책 평가에서 기본개념은 일정한 처리를 가하는 실험집단, 처리
를 가하지 않은 통제집단으로 실험대상을 구분하여 일정 시간이 지
난 후 양 집단에 나타나는 결과 변수상의 차이를 측정한 후 이 차이
를 효과하고 판단하는 것이다.249)

실험적 환경에서 평가를 할 수 있다면, 허위변수나 혼란변수 같은
제3의 변수의 통제를 통해 정책평가의 타당성을 높이는데 있다. 즉,
사회실험을 통해 인과관계의 입증조건을 충족시키고 정책효과 판단
의 타당성을 높이려는 것이다. 250)

248) Josselin, Jean-Michel, and Benoît Le Maux. Statistical tools for
    program evaluation: Methods and applications to economic
    policy, public health, and education. Springer, 2017.
249) Athey, Susan, and Guido W. Imbens. "The state of applied
    econometrics: Causality and policy evaluation." Journal of
    Economic perspectives 31.2 (2017): 3-32.
250) VON MUTIUS, E. R. I. K. A. "Statistical/design methods."
    American journal of respiratory and critical care medicine
    162.supplement_1 (2000): S34-S35.

실제 실험적 세팅이 사회 현상에서는 조성이 어렵기 때문에 타당성 있는 정책평가를 하는 방법에는 절충이 수반된다. 원론적으로는 평가를 위해 실험적 방법과 비실험적 방법으로 대분하는데, 전자는 진실험과 준실험으로 구분하며, 양 집단의 동질성을 확보하고 실시하는 실험을 진실험, 동질성을 확보하지 못한 실험을 준실험이라 한다.251) 여기서는 실험적 상황의 제약으로 인해 비실험적 방법과 준실험을 제시해 본다.

1) 비실험적 방법

비실험적인 방법은 정책효과의 존재여부를 판단하기 위해 정책집행 후에 정책대상 집단과 다른 집단을 비교하는 방법이다. 이것은 실행가능성이라는 측면에서는 진실험이나 준실험적 평가방법에 비해서 매우 강한 평가방법이지만 내적 타당성이라는 점에서는 매우 약한 평가방법이다.252)

비실험적 방법에는 정책실시 전후비교방법과 의사비교집단 설정에 의한 비교방법의 두 가지가 있다.

(1) 정책실시전후비교방법 : 하나의 정책대상집단에 대해서 정책을 실시하기 전의 상태와 정책을 실시한 후의 상태를 단순하게 비교해 정책효과를 판단하는 방법을 말한다. 그러나 이것은 정책실시전후비교방법은 자연적으로 발생할 수 있는 효과나 사건효과를 고려하지

---

251) Vedung, Evert. Public policy and program evaluation. Routledge, 2017.
252) Sanderson, Ian. "Evaluation, policy learning and evidence-based policy making." Public administration 80.1 (2002): 1-22.

못할 수도 있다는 한계점을 가지고 있다.[253]

(2) 의사비교집단설정에 의한 비교방법 : 정책실시 전후 비교방법의 약점을 보완하기 위한 것으로 의사비교집단을 설정해 효과를 비교하는 방법이다.

의사 비교집단설정에 의한 비교방법의 특징은 다음과 같다.
① 엄밀한 의미에서의 비교집단은 아니지만 정책실시 전후 비교방법과는 달리 정책을 실시한 후에 비교집단을 설정해 비교한다. ② 정책을 실시하기 전의 측정치와 실시한 후의 측정치를 비교하는 것이 아니라, 정책실시 후의 결과치만 가지고 정책의 효과를 판단한다는 것이다.
그러나 이것은 변수차이로 인한 선정효과의 내적 타당성의 한계를 가지고 있다.

(3) 비실험의 평가
정책평가의 목적은 정책효과를 정확하게 파악하는 것이고 이를 위해 허위변수와 혼란변수의 영향을 제거해야 한다. 그러나 비실험설계는 고도의 통계분석기법을 적용한다 하더라도 허위변수와 혼란변수를 정확하게 가려내기가 어렵다.[254]

---

253) Tipton, Elizabeth, and Robert B. Olsen. "A review of statistical methods for generalizing from evaluations of educational interventions." Educational Researcher 47.8 (2018): 516-524.
254) Khandker, Shahidur R., Gayatri B. Koolwal, and Hussain A. Samad. Handbook on impact evaluation: quantitative methods and practices. World Bank Publications, 2009.

2) 준실험

(1) 기본논리와 설계 방법

준실험은 실험집단과 통제집단이 무작위 배정에 의한 완전한 동등성을 확보할 수 없거나, 통제가 진실험 설계와 같이 완전하게 이루어지지 못하는 경우에 사용하는 방법이다. 준실험적 방법은 동질성을 확보하기 위한 무작위 배정에 의한 방법을 사용하지 않지만 가능한 한 실험집단과 유사한 비교집단을 구성하려고 노력한다.[255]

준 실험에서는 통제집단이 실험집단과 동질적이 아니므로 비교집단으로 불리는데, 준실험 설계의 대표적인 예로 비동질적 통제집단 설계와 사후측정 비교집단 설계가 있다.

(2) 준실험의 평가

준실험의 장점

① **높은 실행가능성** : 진실험은 하나의 집단에게만 정책을 집행하는 것이 정치적 도의적으로 불가능할 때가 많다(암 특효약의 효과실험). 그러나 준실험에서는 실험대상자로 하여금 자기가 원하는 대로 실험집단이나 통제집단을 선택할 수 있는데 그것은 준 실험은 양 집단을 동질적으로 구성할 필요가 없기 때문이다.

② **외적 타당성의 장점** : 진실험에서는 호손효과로 인해 정확한 정책효과를 파악하기 어려웠으나 준 실험은 좀더 자연스러운 상태에서 실험을 진행하므로 여기서 추정된 정책효과는 다른 상황에서도 그대

---

255) Achen, Christopher H. The statistical analysis of quasi-experiments. Univ of California Press, 1986.

로 나타날 외적타당성이 높다고 하겠다.

③ **내적 타당성의 장점** : 진실험은 양 집단의 동질성을 확보하기 위해 같은 지역이나 생활환경 속에 있는 시험대상을 무작위로 나누는데 문제가 발생한다. 이 문제의 근본적인 해결방법은 양 집단의 사람들이 서로 접촉하지 않도록 두 집단을 구성하는 것인데 이 방법은 준실험 설계와 같다.

(3) 준실험의 한계점들

① **선정과 성숙의 상호작용** : 성숙효과를 정책효과로부터 분리시키는 논리는 양 집단의 성숙효과가 동일한 경우에만 타당하다. 만약 양 집단의 성숙효과가 틀리게 되면 준실험 정책효과 추정논리에 맞지 않아 정책효과를 왜곡시킨다. 이처럼 양 집단 간의 성숙효과가 차이가 나는 현상을 '선정과 성숙의 상호작용'이라 부른다. 즉, 준실험은 비동질적 양집단이어서 두 집단의 성숙효과가 다르게 나타나는데도 불구하고 두 집단의 성숙효과를 같은 것으로 전제하고 정책효과를 추정하기 때문에 내적 타당성에서 큰 약점을 가지고 있다.

② **집단 특유의 사건** : 이는 실험 도중에 실험집단이나 통제 집단 어느 한 집단에만 특유한 사건이 발생한다는 것을 의미한다. 이러한 현상이 발생하더라도 준실험에 의해서는 이를 구별해 낼 수가 없는 것이다.

③ **시계열적 정보의 이용 불가능** : 실험 초기와 처리 결과 시기까지 발생 가능한 정보를 알지 못한다는 것이다. 이러한 경우 때로는 측정 오류의 혼돈에 의한 극단적인 측정값 때문에 처치의 효과에 대하여 잘못된 결론을 내릴 수 있는 가능성이 높아진다.

2. 데이터 분석을 통한 정책 평가

기후변화를 포함하여 많은 정책 영역에 대한 평가는 데이터 분석에 의한 방법론이 활용된다.

1) 시계열 설계(time-series designs)

정책의 효과성을 평가하기 위하여 비교할 통제집단이 가용하지 않을 경우 시계열 설계를 사용할 수 있다. 이 설계는 정책의 집행 후에 각각 여러 번 측정을 하여 그 경향을 비교하여 정책의 효과를 알아보는 방법이다. 시계열 설계를 사용하게 되면 반응적인 측정효과를 정책효과에서 분리해 내는 것이 가능하며, 연구자는 정책이 반응적 효과 이상의 효과를 가져왔는가의 여부를 판별할 수 있게 된다.[256]

2) 통제 시계열 설계(control time series designs)

이것은 확장 시계열 설계와 같으나 다만 정책의 대상이 되지 않았던 집단에 관한 자료도 함께 고려 한다는 점에서 다르다. 다시 말하면, 시계열 평가연구에 비동질적 비교(통제)집단이 사용됨으로써 정책 효과의 인과성에 대한 더 신뢰할 만한 증거를 제공해 준다. 이것은 실험과 통제집단 모두가 공유하는 역사, 성숙, 측정 효과 등을 통제해 주기도 한다.[257]

---

256) Turner, Simon L., et al. "Design characteristics and statistical methods used in interrupted time series studies evaluating public health interventions: protocol for a review." BMJ open 9.1 (2019): e024096.

257) Deke, John, and Lisa Dragoset. "Statistical Power for Regression Discontinuity Designs in Education: Empirical Estimates of Design Effects Relative to Randomized Controlled Trials. Working Paper."

3. 평가연구를 위한 방법론

평가연구수행에 있어서 지금까지의 지배적인 연구방법론 (methodology 또는 paradigm)은 행태주의적 접근 방법이라 하겠으며, 이 접근방법은 실험설계 또는 준 실험설계를 사용하여 계량적 자료에 의존하는 특징을 보인다.258) 그러나 최근에 와서는 이러한 전통적 계량적 접근방법에 대신하여 이른바 질적 평가연구(qualitative evaluation), 자연적 접근방법(naturalistic inquiry) 또는 참여관찰(ethnography) 등으로 표현되는 대안적 방법론이 어느 정도 수용되는 경향도 나타나고 있다.

평가 방법은 평가결과가 적용될 정책과 조직에 부합하는 것이어야 한다. 즉, 평가연구에 적용되는 방법론과 이론의 일치가 있어야 하는 것이다. 평가 관련 이론들은 정책결정자들이 '정책분석'을 한 뒤에 '결정'하는 것으로 가정하고 있다. 즉, 정책결정자들은 결정 이전에 목표설정→대안의 모색→대안의 평가→대안의 선택이라는 일관된 정책과정을 통한 종합적 패러다임(synoptic paradigm)의 특징을 보인다. 그러나 만일 조직이 이와는 반대로 먼저 '결정'한 뒤 분석 평가하게 되는 경우 종합적 패러다임에 기초한 평가는 적합지 못할 것이다. 이 같은 경우에 평가결과의 활용에 관심을 갖는 평가자는 조직의 결정을 통하여 어떤 사회적 요구가 충족되었는가 또는 어떤 이해집단의 이익이 배려되었는가 등에 대한 평가를 해야만 하게 된다. 이러한 역진적 정책결정과정(a reversed decision cycle), 즉, 결정우선

Mathematica Policy Research, Inc. (2012).
258) Turner, Simon L., et al. "Evaluation of statistical methods used in the analysis of interrupted time series studies: a simulation study." BMC medical research methodology 21 (2021): 1-18.

형 정책과정에 부합하는 이상적인 평가패러다임은 종합적 패러다임 과는 큰 차이가 있다. 양자간의 차이를 성공적 평가를 위한 전제조건 에 초점을 맞추어 비교하면 다음과 같다.

1) 분석 우선형 정책결정과정(종합적 패러다임)하에서의 평가를 위한 전제조건은 다음의 조건들이 충족되어야 한다.

① 평가대상사업에 대하여 많은 혹은 대부분의 참여자가 동의하는 명백하고 조작적 정의가 가능한 목표가 있을 것 ② 사업목표를 달성 할 수 있는 기술이 존재하고 집행될 수 있을 것 ③ 사업결과의 영향 범위를 확정하고 외생변수를 통제할 수 있는 방법이 확보될 것 ④ 평 가대상사업의 추진기관이 사업목표달성에 대한 강한 의지를 소유하 고 있을 것 ⑤ 정책결정자의 평가결과에 대한 활용의지가 있을 것 등 이다.

그러나 실제로 이 같은 조건 형성에는 다음과 같은 한계점이 있다.[259]
① 사업목표는 흔히 불확정적이고 다양할 뿐 아니라 상호 충돌 가 능하고 ② 사업목표달성을 위한 기술이 존재하지 않는 경우가 적지 않으며 ③ 외부효과 또는 외생변수의 완벽한 통제가 불가하고 ④ 불 성실한 사업추진기관이 다수 존재하고 ⑤ 정책결정자의 평가결과활 용에 대한 불확실성이 존재하여 종합적 패러다임은 실현가능성의 제 약이 상존한다.

---

259) Kleijnen, Jack PC. "Sensitivity analysis and optimization of system dynamics models: regression analysis and statistical design of experiments." System Dynamics Review 11.4 (1995): 275-288.

2) 결정우선의 역진적 정책과정 하에서의 평가를 위한 전제조건들에는 다음을 제시할 수 있다.

① 사업의 집행결과가 일부 이해관계에 의하여 긍정적으로 평가될 것 ② 사업의 긍정적 결과가 간접적으로라도 조직의 공식적 목표와 관계될 것 ③ 평가는 주로 사업의 긍정적 결과에 초점을 둘 것 ④ 평가자에 대한 사업추진기관의 신뢰가 확보될 것 ⑤ 평가결과의 활용도는 평가결과에 따라 달라질 수 있을 것 등이다.

이러한 조건들은 앞의 조건들에 비하여 현실적이며 나아가서 평가결과의 활용도를 제고시키는 효과를 기대할 수 있게 해 준다. 다만, 정책 사이클의 정석은 정책분석 우선형 정책 결정 과정이다.

최근 정책평가분야의 연구동향은 전통적 패러다임의 변화를 요구하고 있다. 즉 평가가 사업의 종료 또는 계속결정에 직접적 영향을 미쳐야 한다는 데에 이론이 제기되고 있고, 계량적 방법에 대신하여 질적 연구 또는 사례연구방법의 사용도 증가하고 있으며, 합리적 하향적 관료제모형으로부터 탈피하고 있는 조직이론상의 변화가 평가에 반영되어야 한다는 주장이 대두되고 있는 것이다. [260] 그럼에도 정책 분석, 계량화, 합리모형이 근간이 될 때 지속성의 맥락에서 정책의 합리성을 보장할 수 있다.

---

260) Bell, Stephen H., et al. "Embedding a Proof-of-Concept Test in an At-Scale National Policy Experiment: Greater Policy Learning But at What Cost to Statistical Power? The Social Security Administration's Benefit Offset National Demonstration (BOND)." American Journal of Evaluation 44.1 (2023): 118-132.

4. 기후변화와 관련된 정책 평가

앞의 항을 통하여 일반적으로 정책 평가가 어려운 분야임을 살펴 보았는데, 이에 더하여 기후변화 분야의 정책 평가가 갖는 어려움을 추가적으로 기술해 볼 수 있다.

흔히 정책이 추진되고 나면, 그 이후에 대하여 사람들이 관심을 갖는데, 통칭하여 '결과' 부르는 정책 추진의 결과는 대개 output outcome impacts로 대분 된다. Output은 산출이라고 불린다. 이를 쉽게 해설하기 위해 초등학교에 교육부 예산으로 우유를 무료로 급식하는 사업이 있다고 가정하고 예시해 본다. 만일 초등학교의 1년 과정의 연간 수업일수가 200일이라고 단순 가정해 보자. 이 200일 x 6년= 1,200일이 수업일이 되고, 만약 매일 우유를 1팩씩 공급하는 것을 내용으로 한다면, 한 학생이 초등학교 6년을 다닐 동안 공급받는 우유팩의 총 개수는 1,200개가 된다.

이 사례에서 output은 매년 200개의 우유를 공급한 것이 된다. outcome은 이 우유를 모두 잘 섭취하여 칼슘 섭취가 증가하여 중고교 시절에 편균 신장이 증가한 것을 가지고 나타낼 수 있다. 이 경우, 연구 방법론 상 비교집단이 존재한다면 정책 효과를 입증하기는 쉬울 것이다. 이에 비하여 impacts는 초장기적 정책의 효과 또는 결과를 말한다. 초등학교때 우유를 공급 받은 코호트의 학생들이 40,50 대에 이르러 검사를 해 보니 골다공증의 정도가 우유 급식을 안한 집단 대비하여 유의미하게 낮았다는 입증을 데이터로 할 수 있다면, 이는 정책의 효과성을 인정 받게 된다.

이와 같이 정책의 결과를 나타내는 기준 시점이 다르고, 임팩트를 보려면 대략 30년이 지나야 하는 경우도 다반사이기 때문에 대부분의 정부 정책 평가는 단년도 사업에 대한 output 위주의 평가가 주류를 이루게 되는 것이 여러 나라의 현실이다.261)

이 점을 기후변화 적응 부문에 적용해 보면 같은 구조로 제시할 수 있다. 예컨대 대기의 질을 개선하는 사업이나 배출 가스 저감의 정책도 앞에서 살핀 output outcome impacts로 대분될 수 있고, 측정의 어려움이 있으며, 더 주요하게는 저감 기술이 시간의 흐름 속에 발전한다면, 굳이 오늘의 투자 대신 내일 하는 것이 더 효과적 효율적이지 않을가하는 선택에 어느 사회나 직면해 있다.262) 즉, 사후적 변화 관련 이슈들의 초 장기성이 있고, 최근에 급진전 이슈들은 갑자기 예산의 집중을 받게 되는 특징도 존재한다.

5. UN 등 국제 기구들의 기후 변화 정책 평가 방법론

UN에서도 다양한 방법론들이 기후변화 연구에 활용되는데, 예시적으로

Climatic Change and Variability (CCAV)263)

261) Boaz, Annette, Siobhan Fitzpatrick, and Ben Shaw. "Assessing the impact of research on policy: a literature review." Science and Public Policy 36.4 (2009): 255-270.
262) Newcomer, Kathryn E. "From outputs to outcomes." Public administration evolving. Routledge, 2015. 124-157.
263) Haji, Omar Mohamed, et al. "The Influence of Climate Change and Variability on Aircraft Take-off and Landing Performance; a Case Study of the Abeid Amani Karume International Airport-Zanzibar." Journal of Transportation Technologies 12.3 (2022): 453-474.
Schuetz, Tonya, and Allison Poulos. "Outcome Evaluation and Indicative Impact Assessment of the CGIAR Research Program on Climate Change, Agriculture and Food Security (CCAFS) work on Measuring, Reporting and Verification (MRV)." CGIAR Research Program on Climate Change, Agriculture and Food Security

Historical or Geographic Analogs: Forecasting by Analogy
Uncertainty and Risk Analysis[264]

Estimating Adaptation Costs: M-CACES[265] 등이 있고, 상당
부분은 여러 나라 정부 기관들, 대학들에서 부분적으로 혹은 유사하
게 활용되고 있다.

Dimensions of Adaptation Model (DAM) [266]

Dimensions of Adaptation Model (DAM)은 UN 및 다른 국제
기구에서 기후 변화에 대응하기 위해 채택된 정책과 전략의 평가 및
분석에 사용되는 방법론으로 기후 변화의 영향에 대한 대응을 다각
도로 분석하여 정책의 효과성을 평가한다. 이 모델은 기후 변화 적응
전략을 다양한 차원에서 평가하여 정책이 특정 지역이나 환경에서
얼마나 잘 작동하는지 파악할 수 있게 해주며, 주요 구성 요소는 다
음과 같다.

적응 능력(Capacity for Adaptation): 해당 지역이나 국가가 기

Working Paper (2021).

264) Glantz, M. H. "Forecasting by analogy: local responses to global climate change." Adapting to Climate Change: An International Perspective. New York, NY: Springer New York, 1996. 407-426. Li, Shuying, Edwin Garces, and Tugrul Daim. "Technology forecasting by analogy-based on social network analysis: The case of autonomous vehicles." Technological Forecasting and Social Change 148 (2019): 119731.

265) Narain, Urvashi, Sergio Margulis, and Timothy Essam. "Estimating costs of adaptation to climate change." Climate Policy 11.3 (2011): 1001-1019.

266) Heyd, Thomas, and Nick Brooks. "Exploring cultural dimensions of adaptation to climate change." Adapting to climate change: Thresholds, values, governance (2009): 269-282.

후 변화에 대처하기 위해 필요한 자원, 기술, 인프라, 정책 등을 얼마나 보유하고 있는지의 평가

적응 행동(Adaptation Actions): 구체적인 적응 조치가 얼마나 잘 실행되고 있는지, 그리고 그 결과로 기후 변화의 영향이 어떻게 완화되는지를 분석하는 것

적응 결과(Adaptation Outcomes): 정책이나 행동의 실행 결과가 목표를 얼마나 잘 달성하고 있는지를 평가하여 정책의 성공 여부를 측정하는 것

적응의 공평성(Equity of Adaptation): 적응 정책이 사회의 다양한 집단에 미치는 영향을 평가하여 취약한 계층이 적응 과정에서 충분한 지원을 받고 있는지를 점검하는 것을 포함하며,

이를 통해 기후 변화 적응 전략의 강점과 약점을 분석하여, 정책 입안자들이 보다 효과적이고 지속 가능한 기후 변화 대응 방안을 마련할 수 있도록 지원하는 것을 내용으로 한다.

Estimating Adaptation Costs: M-CACES는 기후 변화 대응 비용 추정 및 평가에 관련된 연구와 보고서에서 많이 사용되는데, 기후 변화 적응 비용을 추정하는 일반적인 접근 방식은 기후 변화의 예상 영향에 대응하기 위해 필요한 재정적, 기술적, 사회적 자원을 평가하는 것으로 정부, 국제 기구, NGO 등이 기후 변화로 인한 경제적 영향을 평가하고 적응 전략을 개발할 때 중요한 역할을 한다. 일반적으로, 기후 변화 정책 평가에서 적응 비용을 추정하는 방법론은 다음과 같은 내용을 포함한다.

경제적 비용-편익 분석: 적응 조치의 비용과 그로 인한 경제적, 환

경적 이익을 비교하여 정책의 효율성을 평가하고,

시나리오 기반 분석: 다양한 기후 시나리오를 기반으로 정책의 비용과 영향을 평가하여 불확실성을 반영하는 것

부문별 비용 추정: 농업, 수자원 관리, 도시 인프라 등 각 부문별로 적응 비용을 평가하여 종합적인 비용을 추산하는 방법론으로 구성된다.

IMF CPAT

기후 정책 평가 도구(CPAT)는 기후 완화 정책을 평가, 설계, 실행하는 데 도움을 주는 스프레드시트 기반 모델로 200여 개국에 걸친 기후 완화 정책의 효과를 신속하게 추정할 수 있게 하며, 여기에는 에너지 수요와 가격, 이산화탄소(CO_2) 및 기타 온실가스(GHG) 배출, 재정 수입, 국내총생산(GDP), 복지, 가구 및 산업에 미치는 분배적 영향, 지역 대기오염 감소와 교통사고 감소로 인한 건강상의 혜택 등 개발 공동 혜택이 포함된다.[267]

이 도구는 탄소 가격 책정(탄소세 및 배출권 거래제), 화석연료 보조금 개혁, 에너지 가격 자유화, 전기 및 연료세, 메탄 요금, 부가가치세(VAT) 조정, 에너지 효율성 및 배출 규제, 환경 인센티브 제도, 재생 가능 에너지 보조금 및 발전차액지원제도, 녹색 공공 투자 등의 정책을 다룬다. 이러한 정책들은 다양한 지표에 따라 평가되어, 지역 맥락에 맞는 개혁을 이해하고 조정하는 도구가 된다.

---

267) Black, Mr Simon, et al. The imf-world bank climate policy assessment tool (cpat): A model to help countries mitigate climate change. International Monetary Fund, 2023.

이를 활용하여 정책 입안자가 탈탄소화를 가속화하고, 공정한 전환을 달성하며, 빈곤 퇴치, 에너지 접근성 확대와 같은 정부 목표를 지원하는 정책을 설계하고 평가하는 데 사용된다. 또한 CPAT는 배출량, 주요 에너지 부문의 연료 사용량, 온실가스 완화 노력, 효율적인 연료 가격에 대한 국가 간 일관된 예측을 제공해 왔는데, 이 도구는 다양한 모델 및 사후 실증 연구와 광범위하게 연계되도록 설계된 점이 장점이다.

제 5 장 결론

이전 책들인 산성비의 활용과 지역개발과 산성비 시대의 농업배출 가스 트렌드를 통하여 저자는 산성비와 배출 가스 트렌드를 통하여 기후변화 시대에 우리가 놓인 상황을 분석하였다. 지난 책에서는 주요 선진국들의 제조업과 농업 부문 주요 배출가스의 트렌드를 분석하였다.

이전 책들의 연장선상에서 이번 책에서는 보다 본격적으로 앞으로 다가올 기후변화의 징후 속에서 나타날 가뭄의 이슈에 대한 분석을 하는 데에 초점을 두었다. 물론 자연과학자들의 수많은 연구들이 존재하는 가운데에 본서에서는 가뭄의 경제학이라는 주제하에 가뭄이 가져올 경제적 피해를 비교적 쉽게 수치화하여 제시해 보았으며, 큰 규모보다 작은 규모의 가뭄이라도 어느 정도로 전 범위에 걸쳐 영향을 줄 수 있는지를 제시해 보고자 하였다.

이 책을 통하여 알리려 했던, 사실 너무나도 당연시해야 하나, 그동안의 여러 연구에서 제시치 못했던 현실적 인식 중 하나는 앞으로의 기후변화로 인한 재난 유형이 다중 재난화 될 것이라는 점이다. 기후변화가 인구의 이동을 자연스럽게 유발시키고, 이에 따라 전염병의 유형도 전이될 가능성이 있고, 인수공통질병에 대한 경각심도 필요하다는 점이었다. 이런 맥락에서 저자가 이전에 집필했던 인수공통질병의 경제적 피해 산출 관련 논문을 활용하여, 해당 방법론을 일종의 질병 피해 추계와 가뭄에 적용해 보고자 하였다.

이어서 기후변화에 대한 대응을 위한 전담 조직을 구성한다면이라는 가정 하에서 조직의 논의를 조직의 경제성이라는 관점에서 제시하였다.

본서의 후반부에서는 기후변화의 문제는 결국 사회의 거버넌스에 대한 심각한 도전이 될 것이라는 인식을 바탕으로 결국은 사회적 거버넌스, 사회적 자본이 문제의 완화에 도움이 될 것이라는 입장을 제시하여 보았다.

기후 변화 자체의 논의에서도 이산화탄소에 대한 인과적 정책적 기반이 어느 정도 마련됨에 따라서, CO_2는 상당 부분 정책적 통제 시기가 도래했다는 인식이 확대되고 있는 반면, 이제 통상적인 온실가스 통칭의 틀을 탈피할 시기가 되었다는 주장들도 나오기 시작하는데, 즉 메탄과 같은 $NON-CO_2$가 위기의 원인을 제공할 가능성에 대한 연구의 필요성이 제기되고 있다. 또한 그동안 역점을 두었던 에너지, 산업 부문 아닌 부문, 즉 농업 중 축산, 서비스 산업 부문 등도 중요해질 가능성도 제기될 수 있는 것이다.

즉 기후 변화에 대한 인과적 지식과 가정에 대한 기본 가정을 너무 신봉할 때 가능한 오류들에 대해 점검할 시기가 되어 가고 있다. 이러한 논점이 타당하다면 향후의 방향성은 다음과 같은 변수들이 고려 될 필요가 있다.

1) 기후변화 대응 능력과 정책면에서의 속도 조절 능력과 누가 주도권을 가질 것인가의 이슈이다.(국내/국제)

2) 변수 /상수 구분을 너무 당연시하는 것에 대한 경계가 필요하고

3) 그동안의 시나리오 등에서 수요 측면에 대한 논의가 부족했던 점을 보충할 방안을 모색해 보아야 한다. 특히 미래 세대의 선호에 대한 반영이 그동안 부족했음을 인식할 필요성도 있다.

이 책 이후의 저술에서는 이러한 논의들의 연장선상에서 보다 특화된 데이터 분석을 시도해 볼 예정이다. 아무쪼록 이 책에서의 분석 내용들이 연구와 실무계에서 모두 긴요히 활용되기를 기대해 본다.

〈참고문헌〉

김준모 Theoretical Perspectives for the Public Sector and Its Agendas 2023 지식나무 2023

김준모 인공지능시대의 정책결정 지식나무 2024

김준모 산성비의 활용과 지역개발 2024

김준모 산성비 시대의 농업배출가스 트렌드 2024

Abunyewah, Matthew, et al. "Drought impact on peri-urban farmers' mental health in semi-arid Ghana: The moderating role of personal social capital." *Environmental Development* 49 (2024): 100960.

Achen, Christopher H. *The Statistical Analysis of Quasi-Experiments.* Univ of California Press, 1986.

Adams, Gordon. *The iron triangle.* Transaction Publishers, 1981.

Adams, Gordon. *The politics of defense contracting: The iron triangle.* Routledge, 2020.

Adams, H. (2016) Why populations persist: mobility, place attachment and climate change. *Population and Environment* 37, 429?448.

Adekunle Stephen Toromade1, Deborah Aanuoluwa Soyombo ,Eseoghene Kupa.,& Tochukwu Ignatius Ijomah., Reviewing the impact of climate change on global food security:Challenges and solutions", *International Journal of Applied Research in Social Sciences* Volume 6, Issue 7

Afrane, Sandylove, et al. "Role of negative emission technologies in South Africa's pathway to net zero emissions by 2050." *Energy for Sustainable Development* 79 (2024): 101401.

Agnihotri, Arpita, and Saurabh Bhattacharya. "CEO competitive aggressiveness and relative R&D investment." *Technology Analysis & Strategic Management* 36.1 (2024): 137-151.

Ahmad, Shamraiz, Tiberio Daddi, and Fabio Iraldo. "Integration of open innovation, circularity and sustainability: A systematic mapping of connections, analysis of indicators and future prospects." *Creativity and Innovation Management* (2024).

Hanić, Aida, and Petar Mitić. *Pandemics and Climate Change: Climate Black Swans.* (2022): 313-336.

Alam, Md Mahbub. "Ambiguity in Business Process Reengineering: A Comprehensive Review of Trends, *Challenges and Future Prospects.*" (2024).

Albors Garrigos, Jose, Noemi Zabaleta, and Jaione Ganzarain. "New R&D management paradigms: rethinking research and technology organizations strategies in regions." *R&d Management* 40.5 (2010): 435-454.

Alexeeva-Alexeev, Inna, and Cristina Mazas-Perez-Oleaga. "Do ICT firms manage R&D differently? Firm-level and macroeconomic effects on corporate R&D investment: Empirical evidence from a multi-countries context." *Technological Forecasting and Social Change* 198 (2024)

Almond, Gabriel, and Verba Sydney. *"The Civic Culture*: Political Attitudes in Five Western Democracies." (1963).

Ariel Dina, "Challenges to Water Resource Management: The Role of Economic and Modeling Approaches". *Water* 2024, 16(4), 610

Arrow,K., M. Cropper , C. Gollier, B. Groom, G. Heal, R. Newell, W. Nordhaus, R. Pindyck, W. Pizer, et. al., "Determining Benefits and Costs for Future Generations":The United States and others should consider adopting a different approach to estimating costs and benefits in light of uncertainty. *Science* 26 Jul 2013 Vol 341, Issue 6144. pp. 349-350

Aslam, Muhammad Wajahat, et al. "Low mercury risks in paddy soils across the Pakistan." *Science of The Total Environment* (2024): 173879.

Athey, Susan, and Guido W. Imbens. "The state of applied econometrics: Causality and policy evaluation." *Journal of Economic Perspectives* 31.2 (2017): 3-32.

Azar, Christian. "Weight factors in cost-benefit analysis of climate change." Environmental and Resource Economics 13 (1999): 249-268.

Baik, Sol, Jennifer Crittenden, and Rachel Coleman. "Social capital and formal volunteering among family and unpaid caregivers of older adults." *Research on Aging* 46.2 (2024): 127-138.

Bakhshi, Priti, et al. "Quantification system for key performance indicators of R&D projects pertaining to public sector." International *Journal of Public Sector Performance Management* 13.1 (2024): 42-57.

Bang, Henrik P. "David Easton's political systems analysis." *The SAGE Handbook of Political Science* (2020): 211-232.

Baumgartner, Frank R. "John Kingdon and the evolutionary approach to public policy and agenda setting." Handbook of public policy agenda setting. Edward Elgar Publishing, 2016. 53-66.

Baumol, William J., Richard R. Nelson, and Edward N. Wolff, eds. Convergence of productivity: *Cross-national studies and historical evidence.* Oxford University Press, USA, 1994.

Baştuğ, Sedat, et al. "A decision-making framework for the funding of shipping decarbonization initiatives in non-EU countries: insights from Türkiye." Journal of Shipping and Trade 9.1 (2024): 12.

Beach, Dana, and Kim Diana Connolly. "A retrospective on Lucas v. South Carolina Coastal Council: Public policy implications for the 21st century." *Se. Envtl. LJ* 12 (2003): 1.

Bell, Stephen H., et al. "Embedding a Proof-of-Concept Test in an At-Scale National Policy Experiment: Greater Policy Learning But at What Cost to Statistical Power? The Social Security Administration's Benefit Offset National Demonstration (BOND)." *American Journal of Evaluation* 44.1 (2023): 118-132.

Black, R., Adger, W.N., Arnell, N.W., Dercon, S., Geddes, A. and Thomas, D. (2011a) The effect of environmental change on human migration. *Global Environmental Change* 21, Supplement 1, S3-S11.

Black, Simon, et al. *The IMF-World Bank Climate Policy assessment tool* (cpat): A model to help countries mitigate climate change. International Monetary Fund, 2023.

Blitzer, J. (2019) How climate change is fuelling the U.S. border crisis. *The New Yorker.* Available at: https://www.newyorker. com/news/dispatch/how-climate-change-is-fuelling-the-us-border-crisis (accessed 27 September 2022).

Boaz, Annette, Siobhan Fitzpatrick, and Ben Shaw. "Assessing the impact of research on policy: a literature review." *Science and Public Policy* 36.4 (2009): 255-270.

Bollen, Johannes, et al. "Local air pollution and global climate change: A combined cost-benefit analysis." *Resource and energy economics* 31.3 (2009): 161-181.

Bordandini, Paola, et al. "Disgruntled Italians?social capital and civic culture in Italy." *Journal of Modern Italian Studies* 29.2 (2024): 206-231.

Bowen, Elinor R. "The Pressman-Wildavsky paradox: Four addenda or why models based on probability theory can predict implementation success and suggest useful tactical advice for implementers." *Journal of Public Policy* 2.1 (1982): 1-21.

Breen, Kyle, et al. ""If somebody needed help, I went over": Social capital and therapeutic communities of older adult farmers in British Columbia floods." *International Journal of Disaster Risk Science* (2024): 1-12.

Brownlow, Graham A. "Structure and change: Douglass North's economics." *Journal of Economic Methodology* 17.3 (2010): 301-316.

Building Confidence in the Future U.K. Gov't 2020

Cairns, Rose. "Climates of suspicion:'chemtrail'conspiracy narratives and the international politics of geoengineering." *The Geographical Journal* 182.1 (2016): 70-84.

Capella, Ana Claudia Niedhardt. "The dynamics of issues and agenda denial." *Research Handbook on Public Affairs.* Edward Elgar Publishing, 2024. 147-162.

Celia McMichae., "Climatic and Environmental Change, Migration, and Health", *Annual Review of Public Health* Volume 44, 171-191. 2023

Chen, H. Song, C. Wu., "Human capital investment and Firms' industrial emissions: Evidence and mechanism", *Journal of Economic Behavior and Organization,* 182 (2021), pp. 162-184

Chen, Ke, et al. "Does improved digital governance in government promote natural resource management? Quasi-natural experiments based on smart city pilots." *Resources Policy* 90 (2024): 104721.

Chiesa, Vittorio. "Global R&D project management and organization: a taxonomy." *Journal of Product Innovation Management:* An International Publication of the Product Development & Management Association 17.5 (2000): 341-359.

Cline, Kurt D. "Defining the implementation problem: Organizational management versus cooperation." *Journal of Public Administration Research and Theory* 10.3 (2000): 551-572.

Cobb, Roger W., and Charles D. Elder. "Symbolic identifications and political behavior." *American Politics Quarterly* 4.3 (1976): 305-332.

Colin D. Butler, Devin C. Bowles., *Climate Change and Global Health:* Primary, Secondary and Tertiary Effects. pp. 286-303

Cooper, David Heath, and Joane Nagel. "Lessons from the pandemic: climate change and COVID-19." *International Journal of Sociology and Social Policy* 42.3/4 (2022): 332-347.

Cordero Vinueza, Viviana A., et al. *"Making Child-Friendly Cities:* A Quest for Local Agenda-Setting." Available at SSRN 4789023.

Covi, Michelle P., Jennifer F. Brewer, and Donna J. Kain. "Sea level rise hazardscapes of North Carolina: Perceptions of risk and prospects for policy." *Ocean & Coastal Management* 212 (2021): 105809.

Crenson, M. A. "*The Un-Politics of Air Pollution:* A Study of Non-Decision-Making in the Cities." (1971).

Crowley, Frank, and Edel Walsh. "Tolerance, social capital, and life satisfaction: a multilevel model from transition countries in the European Union." *Review of Social Economy* 82.1 (2024): 23-50.

Dada, Robin. "Richard Elmore." *The Palgrave Handbook of Educational Thinkers*. Cham: Springer International Publishing, 2024. 1323-1337.

Dawadi, Binod, et al. "Impact of climate change on agricultural production: A case of Rasuwa District, Nepal." *Regional Sustainability* 3.2 (2022): 122-132.

d'Albis, Hippolyte, and Stefan Ambec. "Fair intergenerational sharing of a natural resource." *Mathematical Social Sciences* 59.2 (2010): 170-183.

De Conto, R.M., Pollard, D., Alley, R.B., Velicogna, I., Gasson, E.et al. (2021) The Paris Climate Agreement and future sea-level rise from Antarctica. *Nature* 593, 83-89.

Deke, John, and Lisa Dragoset. "Statistical Power for Regression Discontinuity Designs in Education: Empirical Estimates of Design Effects Relative to Randomized Controlled Trials. *Working Paper.*" Mathematica Policy Research, Inc. (2012).

De Marzo, Giordano, et al. "Quantifying the unexpected: A scientific approach to Black Swans." Physical Review Research 4.3 (2022): 033079.

Dennig, Francis. "Climate change and the re-evaluation of cost-benefit analysis." Climatic change 151.1 (2018): 43-54.

Descroix, Luc, et al. "An Interdisciplinary Approach to Understand the Resilience of Agrosystems in the Sahel and West Africa." Sustainability 16.13 (2024): 5555.

DiNardo, John, and David S. Lee. "Program evaluation and research designs." Handbook of labor economics. Vol. 4. Elsevier, 2011. 463-536.

Dinesh Bhandari, Peng Bi, Jeevan Bahadur Sherchand, Ondine S von Ehrenstein, Zerina Lokmic-Tomkins, Meghnath Dhimal, Scott Hanson-Easey, Climate change and infectious disease surveillance in Nepal: qualitative study exploring social, cultural, political and institutional factors influencing disease surveillance, *Journal of Public Health,* Volume 46, Issue 1, March 2024, Pages 30-40

Di Tian, Xinfeng Zhao, Lei Gao, Zuobing Liang, Zaizhi Yang, Pengcheng Zhang, Qirui Wu, Kun Ren, Rui Li, Chenchen Yang, Shaoheng Li, Meng Wang, Zhidong He, Zebin Zhang, Jianyao Chen, "Estimation of water quality variables based on machine learning model and cluster analysis-based empirical model using multi-source remote sensing data in inland reservoirs, South China", *Environmental Pollution*, Volume 342, 2024,

Donnelly, Chantal, et al. "Impacts of climate change on European hydrology at 1.5, 2 and 3 degrees mean global warming above preindustrial level." *Climatic Change* 143 (2017): 13-26.

Dror, Yehezkel. *The capacity to govern:* A report to the club of Rome. Routledge, 2012.

D.Yu,L.Liu,S.Gao,et al. "Impact of carbon trading on agricultural green total factor productivity in China". *J. Clean. Prod.*(2022)

Durante, Ruben, et al. "Unpacking social capital." *The Economic Journal* (2024): ueae074.

Eldemerdash, Nadia, Christian B. Jensen, and Steven T. Landis. "Environmental stress, majoritarianism, and social unrest in Europe." *Journal of Contemporary Central and Eastern Europe* 31.2 (2023): 385-408.

El-Hinnawi, E. (1985) *Environmental Refugees*. United Nations Environment Programme (UNEP), Nairobi, Kenya.

Elmore, Richard F. "Backward mapping: Implementation research and policy decisions." *Political Science Quarterly* 94.4 (1979): 601-616.

Elmore, Richard F. "Forward and backword mapping: Reversible logic in the analysis of public policy." *Policy implementation in federal and unitary systems:* Questions of analysis and design. Dordrecht: Springer Netherlands, 1985. 33-70.

Fadel, Sabah, et al. "*Estimating climate influence of the potential COVID-19 pandemic spreading in Algeria.*" (2022).

Feijoo, Felipe, et al. "Tradeoffs between economy wide future net zero and net negative economy systems: The case of Chile." Renewable and Sustainable *Energy Reviews* 207 (2025): 114945.

Femia, Francesco, and Caitlin Werrell. "*Syria: Climate change, drought and social unrest.*" Center for Climate and Security 29 (2012): 2-5.

Fisher, Ronald. "Cigarettes, cancer, and statistics." *The Centennial Review of Arts & Science* 2 (1958): 151-166.

Fong, Jennifer Lee. *A Quantitative and Qualitative Review of California High Schools with smaller learning communities.* University of California, Berkeley, 2007.

Foresight (2011) *Migration and Global Environmental Change: Future Challenges and Opportunities.* The Government Office of Science, London.

Francesco Pietro Colelli, Ian Sue Wing & Enrica De Cian., "Air-conditioning adoption and electricity demand highlight climate change mitigation?adaptation tradeoffs", *Scientific Reports* volume 13, Article number: 4413 (2023)

Fussell, Hilary, et al. "The relationship between social capital, transaction costs, and organizational outcomes: A case study." Corporate communications: *An international journal* 11.2 (2006): 148-161.

GEDDES, ANNMARIE BARIBEAU, *"Understanding Threats: Gray Swans, Black Elephants, and Butterflies"*, 2021 Jan. 27th.

Gemenne, F. (2011) Why the numbers don't add up: a review of estimates and predictions of people displaced by environmental changes. *Global Environmental Change* 21, Supplement 1, S41-S49.

Glantz, M. H. *"Forecasting by analogy:* local responses to global climate change." Adapting to Climate Change: An International Perspective. New York, NY: Springer New York, 1996. 407-426.

Gluckman, Peter D., Anne Bardsley, and Matthias Kaiser. "Brokerage at the science policy interface: from conceptual framework to practical guidance." *Humanities and Social*

Sciences Communications 8.1 (2021): 1-10.

Goggin,Malcolm Lowery. *Implementing Public Policy:* Outputs--process--outcomes Linkages and the Politics of Health and Welfare. Stanford University, 1981.

Goggin, Malcolm L. "*Implementation theory and practice:* Toward a third generation." (1990).

Guaita, Nahuel, and Jason K. Hansen. *Analyzing the Inflation Reduction Act and the Bipartisan Infrastructure Law for Their Effects on Nuclear Cost Data.* No. INL/RPT-23-72925-Rev000. Idaho National Laboratory (INL), Idaho Falls, ID (United States), 2024.

Larsen, Levi Morin, et al. "Effects of the US inflation reduction act on SMR economics." *Frontiers in Nuclear Engineering* 3 (2024): 1379414.

Gusfield, Joseph R. "The culture of public problems: Drinking-driving and the symbolic order." *Morality and health.* Routledge, 2013. 201-229.

Gusfield, Joseph R. "Social and cultural contexts of the drinking-driving event." *Journal of Studies on Alcohol,* Supplement 10 (1985): 70-77

Gustin G. (2022) Climate change is driving millions to the precipice of a 'raging food catastrophe', *Inside Climate News.* Available at: https://hiiraan.com/news4/2022/Dec/189067/climate_change_is_driving_millions_to_the_precipice_of_a_raging_food_catastrophe.aspx (accessed 24 December 2022)

Hambel, Christoph, Holger Kraft, and Frederick van der Ploeg. "Asset diversification versus climate action." *International Economic Review* 65.3 (2024): 1323-1355.

Hao, Xiaoli, Shufang Wen, and Qunchao Wan. "How does managerial ability affect R&D efficiency of emerging-economy high-tech enterprises." *Technology Analysis & Strategic Management* (2024): 1-15.

Hao, Xu, et al. "Toward Carbon Neutral Road Transport: Development Strategies and New R&D Organizational Paradigms." *Automotive Innovation* (2024): 1-16.

Hakan Gune, ,Hamis Miraji Ally Simba, Haydar Karada ORCID and Mustafa ., "Global Energy Transformation and the Impacts of Systematic Energy Change Policy on Climate Change Mitigation". *Sustainability* 2023, 15(19)

Haji, Omar Mohamed, et al. "The Influence of Climate Change and Variability on Aircraft Take-off and Landing Performance; a Case Study of the Abeid Amani Karume International Airport-Zanzibar." *Journal of Transportation Technologies* 12.3 (2022): 453-474.

Hani Aida, and Petar Miti. "*Pandemics and Climate Change*: Climate Black Swans." (2022): 313-336.

Hansen, J., Sato, M., Hearty, P., Ruedy, R., Kelley, M.et al. (2016) Ice melt, sea level rise and superstorms: evidence from paleoclimate data, climate modeling, and modern observations that 2°C global warming could be dangerous *Atmospheric Chemistry and Physics* 16, 3761-3812.

Hawes, Ellen P. "Coastal natural hazards mitigation: the erosion of regulatory retreat in South Carolina." *SC Envtl. LJ* 7 (1998): 55.

Heclo, Hugh. "Hyperdemocracy." *The Wilson Quarterly* (1976-) 23.1 (1999): 62-71.

Heclo, Hugh. "The Clinton health plan: Historical perspective." *Health Affairs* 14.1 (1995): 86-98.

Henstra, Daniel. "The tools of climate adaptation policy: analysing instruments and instrument selection." *Climate Policy* 16.4 (2016): 496-521.

Hernandez, Tanja, and Mary Kate Berardi. "Measuring the community dream: A social capital lens of capacity building initiatives." *Local Development & Society* (2024): 1-20.

Heyd, Thomas, and Nick Brooks. "Exploring cultural dimensions of adaptation to climate change." *Adapting to climate change:* Thresholds, values, governance (2009): 269-282.

Hidalgo, Gisele, Jefferson Marlon Monticelli, and Ingridi Vargas Bortolaso. "Social capital as a driver of social entrepreneurship." *Journal of Social Entrepreneurship* 15.1 (2024): 182-205.

Higgins, Megan. "Legal and policy impacts of sea level rise to beaches and coastal property." *Sea Grant L. & Pol'y J.* 1 (2008): 43.

Hilborn, Ray. "Correlation and causation in fisheries and watershed management." *Fisheries* 41.1 (2016): 18-25.

Hisschemoller, Matthijs, et al. "Knowledge, power, and participation in environmental policy analysis: an introduction." *Knowledge, power, and participation in environmental policy analysis.* Routledge, 2018. 1-26.

Hogwood, Brian, and Lewis Gunn. "Why 'perfect implementation' is unattainable." *Policy Process.* Routledge, 2014. 217-225.

Huntington, Samuel P. "The democratic distemper." *The public interest* 41 (1975): 9.

Hupe, Peter L. "10. Revisiting Pressman and Wildavsky: implementation and the thickness of hierarchy." Policy, *Performance and Management in Governance and Intergovernmental Relations* (2011): 156.

Isaacs, Andrew M., and Natalia Costa I. Coromina. Net Zero Climate Commitments: Realistic Goal or Branding Exercise?. The Berkeley-Haas Case Series. University of California, Berkeley. Haas School of Business, 2024.

Jaiswal, Sreeja, Aravindhan Nagarajan, and Akhil Mythri. "Projecting a food insecure world: Equity implications of land-based mitigation in IPCC mitigation pathways." *Environmental Science & Policy* 155 (2024): 103724.

Jiang, Huayu. *"Research on Optimization of Product R&D Project Management of Company M Based on Lean Management."* (2024).

Jones, Charles O. *Clean air: The policies and politics of pollution control.* University of Pittsburgh Pre, 2010.

Josselin, Jean-Michel, and Benoit Le Maux. *Statistical tools for program evaluation:* Methods and applications to economic policy, public health, and education. Springer, 2017.

Kahneman, Daniel. "*Thinking, fast and slow.*" Farrar, Straus and Giroux (2011).

Kanwal, Aneela, and Amer Rajput. "A transaction cost framework in supply chain relationships: a social capital perspective." *Journal of Relationship Marketing* 15.1-2 (2016): 92-107.

Kat, B., et al. "A new energy-economy-environment modeling framework: Insights from decarbonization of the Turkish power Sector towards net-zero Emission targets." *Energy* 302 (2024): 131760.

Kathleen A. Mar, Charlotte Unger, Ludmila Walderdorff, Tim Butler, "Beyond CO2 equivalence: The impacts of methane on climate, ecosystems, and Health", *Environmental Science & Policy*, Volume 134,2022, pp.127-136,

Khandker, Shahidur R., Gayatri B. Koolwal, and Hussain A. Samad. *Handbook on impact evaluation:* quantitative methods and practices. World Bank Publications, 2009.

Kidron, Aviv, and Hedva Vinarski-Peretz. "Linking psychological and social capital to organizational performance: A moderated mediation of organizational trust and proactive behavior." *European Management Journal* 42.2 (2024): 245-254.

Kim, Junmo "Comparing the economic effects of climate change and zooanthroponosis in Korea: Prerequisites for the creative economy?" *Technological Forecasting & Social Change*. Vol. 96. pp.121-129

Kingdon, John W. "*Agendas, alternatives, and public policies.*" Brown and Company (1984).

Kleijnen, Jack PC. "Sensitivity analysis and optimization of system dynamics models: regression analysis and statistical design of experiments." *System Dynamics Review* 11.4 (1995): 275-288.

Knill, Christoph, Yves Steinebach, and Dionys Zink. "How policy growth affects policy implementation: bureaucratic overload and policy triage." *Journal of European Public Policy* 31.2 (2024): 324-351.

Knupfer, Curd, and Matthias Hoffmann. "Countering the "Climate Cult"–Framing Cascades in Far-Right Digital Networks." *Political Communication* (2024): 1-23.

Kogo, Benjamin Kipkemboi, et al. "*Modelling impacts of climate change on maize (Zea mays L.) growth and productivity: a review of models, outputs and limitations.*" (2019).

Krause, Nicole M., et al. "Trends—Americans' trust in science and scientists." *Public Opinion Quarterly* 83.4 (2019): 817-836.

Kukowski, Charlotte A., and Emma E. Garnett. "Tackling inequality is essential for behaviour change for net zero." *Nature Climate Change* 14.1 (2024): 2-4.

Kummel, Reiner. "Entropy and the Limits to Growth." *Entropy* 26.6 (2024): 489.

Lackey, Robert T. "Science, scientists, and policy advocacy." Conservation *Biology* 21.1 (2007): 12-17.

Lamb, Charles M. "Implementation Theory and Practice: Toward a Third Generation. By Malcolm L. Goggin, Ann O. Bowman, James P. Lester, and Laurence J. O'TooleJr,. Glenview, IL: Scott, Foresman and Little, Brown, 1990. 230p. paper." *American Political Science Review* 85.1 (1991): 267-268.

Le Borgne, Solene. "Coping with urban shrinkage: the role of informal social capital in French medium-sized shrinking cities." *European Planning Studies* 32.3 (2024): 569-585.

Lee, Moosung, and Tom Friedrich. "Thesmaller'the school, the better? the Smaller Learning Communities (SLC) program in US high schools." *Improving Schools* 10.3 (2007): 261-282.

Lepawsky, Josh.,"Climate change induced water stress and future semiconductor supply chain risk". *iScience*, Volume 27, Issue 2, 108791

Levinson, Nanette S., and David D. Moran. "R&D management and organizational coupling." *IEEE Transactions on Engineering Management* 1 (1987): 28-35.

Li, Ruiqian, and Ramakrishnan Ramanathan. "The interactive effect of environmental penalties and environmental subsidies on corporate environmental innovation: Is more better or worse?." *Technological Forecasting and Social Change* 200 (2024): 123193.

Li, Shuying, Edwin Garces, and Tugrul Daim. "Technology

forecasting by analogy-based on social network analysis: The case of autonomous vehicles." *Technological Forecasting and Social Change* 148 (2019): 119731.

Li, Te. "Holacracy Governance: An Exploration of Business R&D Process Re-engineering for Chinese company." *Proceedings of the 3rd International Conference on Big Data Economy and Digital Management*, BDEDM 2024, January 12?14, 2024, Ningbo, China. 2024.

Liu, Zhiqiang, Muammer Ozer, and Kong Zhou. "The role of status diversity in the innovative performance of R&D teams." *R&D Management* 54.1 (2024): 60-75.

Loveridge, Ronald O. "Participation in American Politics: The Dynamics of Agenda-Building. By Roger Cobb and Charles Elder.(Boston: Allyn and Bacon, Inc., 1972. Pp. 182. $3.50.)." *American Political Science Review* 67.3 (1973): 1009-1010.

Mahon, M.B., Sack, A., Aleuy, O.A. et al. A meta-analysis on global change drivers and the risk of infectious disease. *Nature* 629, 830?836 (2024)

Makulbayeva, Gulnur, and Dina Sharipova. "Social capital and performance of public councils in Kazakhstan." *Journal of Eurasian Studies* (2024): 18793665241266260.

Malerba, Daniele, et al. "Changing carbon footprints and the consequent impacts of carbon taxes and cash transfers on poverty and inequality across years: A Peruvian case study." *Energy Policy* 192 (2024): 114246.

Mari-Klose, Pau, and Ines Calzada. "Destination Spain:

Sociopolitical Dimensions of a Sociodemographic Phenomenon." Retirement Migrants and Dependency: Caring for Sun Seekers. Cham: Springer *Nature* Switzerland, 2024. 11-32.

Mariotti, Claudia. "*Elite theory*." The Palgrave Encyclopedia of Interest Groups, Lobbying and Public Affairs. Cham: Springer International Publishing, 2022. 427-432.

Marmai, Nadine, Maria Franco Villoria, and Marco Guerzoni. "How the Black Swan damages the harvest: Extreme weather events and the fragility of agriculture in development countries." *Plos one* 17.2 (2022)

Masud, Shafaq, and Ahmad Khan. "Policy implementation barriers in climate change adaptation: The case of Pakistan." *Environmental Policy and Governance* 34.1 (2024): 42-52.

Masur, J.S., EA Posner,"Climate Regulation and the Limits of Cost-Benefit Analysis",99 *Calif. L. Rev.* 1557 (2011)

May, Henry. "Making statistics more meaningful for policy research and program evaluation." *American Journal of evaluation* 25.4 (2004): 525-540.

McCulloch, Malcolm T., et al. "300 years of sclerosponge thermometry shows global warming has exceeded 1.5 C." *Nature Climate Change* 14.2 (2024): 171-177.

Mechler, R. Reviewing estimates of the economic efficiency of disaster risk management: opportunities and limitations of using risk-based cost?benefit analysis. *Nat Hazards* 81, 2121-2147 (2016)

Meier, Andre, and Alexander Kock. "Agile R&D units' organisation and its relationship with innovation performance." *R&D Management* 54.3 (2024): 496-512.

Meramveliotakis, Giorgos, and Dimitris Milonakis. "Surveying the transaction cost foundations of new institutional economics: A critical inquiry." *Journal of Economic issues* 44.4 (2010): 1045-1072.

Migone, Andrea, and Michael Howlett. "Multiple Streams and Plausibility Cones: Using Concepts from Future Studies to Depict Policy Dynamics." *International Journal of Public Administration* (2024): 1-13.

Moleka, P. I. T. S. H. O. U. "Innovation Metrics for the 21st Century: An Innovationology-based Comprehensive, Multidimensional Framework." *International Journal of Social Sciences and Management Review* 7.5 (2024): 199-210.

Montzka, Stephen A., Edward J. Dlugokencky, and James H. Butler. "Non-CO2 greenhouse gases and climate change." *Nature* 476.7358 (2011): 43-50.

Mouter, N., Annema, J.A. & van Wee, B. Managing the insolvable limitations of cost-benefit analysis: results of an interview based study. *Transportation* 42, 277-302 (2015)

Moyer, Alison O. "Houston, We Have a Problem: The DC Circuit Closes Pathway to National Judicial Review in Sierra Club v. Environmental Protection Agency." Villanova *Environmental Law Journal* 35.2 (2024): 359.

Nadelson, Louis S., and Kimberly K. Hardy. "Trust in science and scientists and the acceptance of evolution." Evolution:

Education and Outreach 8 (2015): 1-9.

Nakazato, Hiromi, and Seunghoo Lim. "A multiplex network approach to the self-organizing bonding and bridging social capital fostered among local residents: A case study of community currency in Korea under the Hanbat LETS." *Journal of Open Innovation:* Technology, Market, and Complexity 10.2 (2024): 100271.

Nardulli, P. F., Peyton, B., & Bajjalieh, J. (2015). Climate Change and Civil Unrest: The Impact of Rapid-onset Disasters. *Journal of Conflict Resolution*, 59(2), 310-335.

Narain, Urvashi, Sergio Margulis, and Timothy Essam. "Estimating costs of adaptation to climate change." *Climate Policy* 11.3 (2011): 1001-1019.

Natalia de Assis Brasil Weber, Julian David Hunt, Behnam Zakeri, Paulo Smith Schneider, Fernando Sergio Asfor Parente, Augusto Delavald Marques, Amaro Olimpio Pereira Junior, "Seasonal pumped hydropower storage role in responding to climate change impacts on the Brazilian electrical sector", *Journal of Energy Storage*, Volume 87, 2024,

Newcomer, Kathryn E. "*From outputs to outcomes.*" Public administration evolving. Routledge, 2015. 124-157.

Neurath, Paul. *From Malthus to the Club of Rome and Back:* problems of limits to growth, population control and migrations. Routledge, 2017.

Nicholas, Nassim. "The black swan: the impact of the highly improbable." *Journal of the Management Training Institut* 36.3 (2008): 56.

Nishigaki, Tomohiro, et al. "Pearl millet yield reduction by soil erosion and its recovery potential through fertilizer application on an Arenosol in the Sahel." *Soil and Tillage Research* 246 (2025): 106324.

Nnaemeka Vincent Emodi Taha Chaiechi, and ABM Rabiul Alam Beg, "The impact of climate change on electricity demand in Australia". *Energy and Environment* Volume 29, Issue 7 2018.

North, Douglass C. "The new institutional economics and development." *Economic History* 9309002 (1993): 1-8.

North, Douglass Cecil, and Douglass Cecil North. *Transaction costs, institutions, and economic performance.* San Francisco, CA: Ics Press, 1992.

Oikonomou, Vlasis, and Catrinus J. Jepma. *"A framework on interactions of climate and energy policy instruments."* Mitigation and Adaptation Strategies for Global Change 13 (2008): 131-156.

Onyinyechukwu Chidolue, Peter Efosa Ohenhen, Aniekan Akpan Umoh, Bright Ngozichukwu, Adetomilola Victoria Fafure, & Kenneth Ifeanyi Ibekwe. (2024). GREEN DATA CENTERS: SUSTAINABLE PRACTICES FOR ENERGY-EFFICIENT IT INFRASTRUCTURE. *Engineering Science & Technology Journal,* 5(1), 99-114.

Opt, Susan, and Russanne Low. "Dividing and uniting through naming: the case of North Carolina's sea-level-rise policy." *Environmental Communication* 11.2 (2017): 218-230.

Ostrom, Elinor. *Governing the commons:* The evolution of institutions for collective action. Cambridge university press, 1990.

Paek, Jessica JW, Daniela Goya-Tocchetto, and Kimberly A. Wade-Benzoni. "The Andrew Carnegie effect: Legacy motives increase the intergenerational allocation of wealth to collective causes." *Social Psychological and Personality Science* (2024): 19485506231201684.

Paramita Roy, Subodh Chandra Pal, Rabin Chakrabortty, Indrajit Chowdhuri, Asish Saha, Manisa Shit, "Effects of climate change and sea-level rise on coastal habitat: Vulnerability assessment, adaptation strategies and policy recommendations", *Journal of Environmental Management,* Volume 330, 2023

Patz, Jonathan A., et al. "Impact of regional climate change on human health." *Nature* 438.7066 (2005): 310-317.

Peeren, Esther. *"Suspicious Minds."* The Ends of Critique (2022): 97.

Pereira, R. Silva. *"The Limits to Growth:* A Report for the Club of Rome's Project on the Predicament of Mankind." (1972): 458-460.

Peters, B. Guy, and Philippe Zittoun. "Teaching public policy through the history of the discipline, theories, and concepts." *Handbook of Teaching Public Policy.* Edward Elgar Publishing, 2024. 17-34.

Petushkova, V. V. "From the Limits to Growth to Sustainable Development: to the 50th Anniversary of the Report to the Club of Rome Limits to Growth." *Outlines of global transformations: politics, economics, law* 16.1 (2024).

Phillips MC, LaRocque RC, Thompson GR. Infectious Diseases in a Changing Climate. *JAMA.* 2024;331(15):1318-1319.

Pierobon, Chiara. "Crafting Individual Resilience Through Social Capital in Times of Conflict: A Qualitative Study on Ukrainian Refugees in Germany." *Journal of Immigrant & Refugee Studies* (2024): 1-16

Pollack, Julien, Jane Helm, and Daniel Adler. "What is the Iron Triangle, and how has it changed?." International journal of managing projects in business 11.2 (2018): 527-547.

Ponzetto, Giacomo AM, and Ugo Antonio Troiano. "Social capital, government expenditures, and growth." *Journal of the European Economic Association* (2024): jvae043.

Portes, Alejandro. "*Social capital:* Its origins and applications in modern sociology." New Critical Writings in Political Sociology (2024): 53-76.

Powell, Martin. "*Agenda-setting in health care policy.*" Research Handbook on Health Care Policy. Edward Elgar Publishing, 2024. 14-29.

Pressman, Jeffrey L., and Aaron Wildavsky. *Implementation:* How great expectations in Washington are dashed in Oakland; Or, why it's amazing that federal programs work at all, this being a saga of the Economic Development Administration as told by two sympathetic observers who seek to build morals on a foundation. Vol. 708. Univ of California Press, 1984.

Putnam, Robert D., Raffaella Y. Nanetti, and Robert Leonardi. "*Making democracy work:* Civic traditions in modern Italy." (1994): 1-280.

Putnam, Robert D. "Social capital and public affairs." *Bulletin of the American Academy of Arts and Sciences* (1994): 5-19.

Pye, Lucian W. *Modernization, democratization, and nation building.* Cambridge, Mass.: Massachusetts Institute of Technology, Center for International Studies,[1962]

Raihan, Asif, and Mohd Nizam Mohd Said. "Cost benefit analysis of climate change mitigation measures in the forestry sector of Peninsular Malaysia." *Earth Systems and Environment* 6.2 (2022): 405-419.

Raj, Rohit, Vimal Kumar, and Elizabeth A. Cudney. "Relating the strategic role of technology orientation in organizational TQM performance." *Total Quality Management & Business Excellence* 35.3-4 (2024): 341-371.

Riedy, Christopher. "*Earth for all:* Five policy turnarounds for a sustainable world." Action Research (2024)

Robinson, Warren C. "The Limits to Growth: A Report for the Club of Rome's Project on the Predicament of Mankind." (1973): 289-295.

Roger Pieke, "*The Honest Broker,*" Bridges, Austrian Office of Science and Technoloyg. April 2007

Roger Pieke, *The Honest Broker:* Making Sense of Science in Policy and Politics. Cambridge University Press. Cambridge. 2007

ROSENDAHL, SCOTT, and MFI STUDENT FELLOW. "*SOCIAL CAPITAL:* A CATALYST FOR ECONOMIC GROWTH." Economic Policy and Outcomes: Balancing Regulation for Entrepreneurship.

Rupi, Nataa, and Matej Babek. "Stakeholder analysis as tool for organisational learning in social services: does internal social capital play a role?." *International Journal of Learning and Intellectual Capital* 21.2 (2024): 115-149.

Sabelli, Nora H. "Complexity, technology, science, and education." *The Journal of the learning sciences* 15.1 (2006): 5-9.

Sabet, Naser Shafiei, and Sogand Khaksar. "The performance of local government, social capital and participation of villagers in sustainable rural development." *The Social Science Journal* 61.1 (2024): 1-29.

Sadri, Sahar. *"Investigating the Effect of the Mediating Role of Process Re-engineering and Total Quality Management* on the Business Value of Information Technology."

Saito, Eisuke. "Detecting Weak Feedback from Students Experiencing Safety Issues: A Critical Discussion from the Perspective of the School as Learning Community." *Educational Studies in Japan* 18 (2024): 93-103.

Sanderson, Ian. "Evaluation, policy learning and evidence;based policy making." *Public administration* 80.1 (2002): 1-22.

Satı, Zumrut Ecevit. "Comparison of the criteria affecting the digital innovation performance of the European Union (EU) member and candidate countries with the entropy weight-TOPSIS method and investigation of its importance for SMEs." *Technological Forecasting and Social Change* 200 (2024): 123094.

Savari, Moslem, Ahmad Jafari, and Abbas Sheheytavi. "The impact of social capital to improve rural households' resilience against flooding: evidence from Iran." *Frontiers in Water* 6 (2024): 1393226.

Scheffran, Jurgen, et al., eds. Climate change, human security and violent conflict: challenges for societal stability. Vol. 8. Springer *Science & Business Media*, 2012.

Schmitz, R F. Frischmuth, M. Braun and P. Hartel, "Coping with Risk Factors in Energy System Transformations - Climate Change Impacts on Nuclear Power Plant Availability in Europe," 2024 20th *International Conference on the European Energy Market* (EEM), Istanbul, Turkiye, 2024, pp. 1-7.

Schuetz, Tonya, and Allison Poulos. "Outcome Evaluation and Indicative Impact Assessment of the CGIAR Research Program on Climate Change, Agriculture and Food Security (CCAFS) work on Measuring, Reporting and Verification (MRV)." CGIAR *Research Program on Climate Change, Agriculture and Food Security Working Paper* (2021).

Scott, J. Michael, et al. "Policy advocacy in science: prevalence, perspectives, and implications for conservation biologists." *Conservation Biology* (2007): 29-35.

Seaver Wang, Zeke Hausfather, Steven Davis, Lauren Liebermann, Guido D. Nunez-Mujica1, Jameson McBride et. al., "Future demand for electricity generation materials under different climate mitigation scenarios", *Joule,* Volume 7, Issue 2p309-332 February 15, 2023

Shackelford, Scott J. "On climate change and cyber attacks: leveraging polycentric governance to mitigate global collective action problems." *Vand. J. Ent. & Tech. L.* 18 (2015): 653.

Shafaq Masud, Ahmad Khan, "Policy implementation barriers in

climate change adaptation: The case of Pakistan".
Environmental Policy and Governance. Volume34, Issue1
February 2024. Pages 42-52

Shayegh, S., & Dasgupta, S. (2022). Climate change, labour
availability and the future of gender inequality in South
Africa. *Climate and Development,* 16(3), 209-226

Shipley, Bill. *Cause and correlation in biology:* A user's guide to
path analysis, structural equations and causal inference
with R. Cambridge university press, 2016.

Shobande, Olatunji A., et al. "Demystifying circular economy and
inclusive green growth for promoting energy transition and
carbon neutrality in Europe." *Structural Change and
Economic Dynamics* (2024).

Shu-Chen Tsai, Su-Hsin Lee, Ta-Jen Chu, "On the tailor-made
water governance mechanism for Taiwan's semiconductor
industry", *Water Resources and Industry,* Volume 31, 2024,

Simon, Herbert A. "Bounded rationality in social science: Today
and tomorrow." *Mind & Society* 1 (2000): 25-39.

Smith, Michael P. "Elite theory and policy analysis: the politics of
education in suburbia." the *Journal of Politics* 36.4 (1974):
1006-1032.

Solecki, William, Debra Roberts, and Karen C. Seto. "Strategies to
improve the impact of the IPCC Special Report on Climate
Change and Cities." *Nature Climate Change* 14.7 (2024):
685-691.

Stewart, Jenny, and Grant Jones. *Renegotiating the environment: the power of politics.* The Federation Press, 2003.

Suma, B. "Implications of Social Networking Tools in *Re-Engineering of Library Service Delivery in Digital Environment.*" Conference Proceedings. 2024.

Sunstein, C.R. The Availability Heuristic, Intuitive Cost-Benefit Analysis, and Climate Change. *Climatic Change* 77, 195-210 (2006)

Taherdoost, Hamed. "*Fundamentals of R&D.*" Innovation Through Research and Development: Strategies for Success. Cham: Springer Nature Switzerland, 2024. 1-22.

Tamasiga, Phemelo, et al. "Amplifying climate resilience: The impact of social protection, social cohesion, and social capital on public support for climate change action." *Sustainable Environment* 10.1 (2024): 2361568.

Tarasenko, Svitlana Viktorivna, et al. "*A system of indicators for selecting innovation triggers to drive sustainable development.*" (2024).

Te Vrugt, Michael. "*The five problems of irreversibility.*" Studies in History and Philosophy of Science Part A 87 (2021): 136-146.

Tikas, Gaurav Dilip. "Resource orchestration capability for innovation: towards an empirically validated measurement framework." *International Journal of Productivity and Performance Management* 73.6 (2024): 1885-1908.

Tipton, Elizabeth, and Robert B. Olsen. "A review of statistical methods for generalizing from evaluations of educational interventions." *Educational Researcher* 47.8 (2018): 516-524.

Todosiychuk, A. V. "Scientometric Indicators in the System of Evaluating Scientific Performance and Work." *Scientific and Technical Information Processing* 51.2 (2024): 154-160.

Tol, Richard SJ. "Equitable cost-benefit analysis of climate change policies." *Ecological Economics* 36.1 (2001): 71-85.

Turner, Graham M. "A comparison of The Limits to Growth with 30 years of reality." *Global environmental change* 18.3 (2008): 397-411.

Turner, Simon L., et al. "Design characteristics and statistical methods used in interrupted time series studies evaluating public health interventions: protocol for a review." *BMJ open* 9.1 (2019): e024096.

Turner, Simon L., et al. "Evaluation of statistical methods used in the analysis of interrupted time series studies: a simulation study." *BMC medical research methodology* 21 (2021): 1-18.

Tversky, Amos, and Daniel Kahneman. "JUDGEMENT UNDER UNCERTAINTY Heuristics and biases." Knowledge: *Critical Concepts* 1.4157 (2005): 371.

Urwin, Kate, and Andrew Jordan. "Does public policy support or undermine climate change adaptation? Exploring policy interplay across different scales of governance." *Global environmental change* 18.1 (2008): 180-191.

U.S. FEMA, 2023 *National Preparedness Report* p.4

Vaupoti, Nina, Dorothe Kienhues, and Regina Jucks. "Trust in science and scientists: Implications for (higher) education." *Trust and communication: findings and implications of trust research.* Cham: Springer International Publishing, 2021. 207-220.

Vedung, Evert. *Public policy and program evaluation.* Routledge, 2017.

Vetsikas, Apostolos. "Assessing the Performance of National Innovation Systems with a Helix-Based Composite Indicator: Evidence from 24 European Countries." *Eastern European Economics* 62.1 (2024): 18-49.

Vieille Blanchard, Elodie. "Modelling the future: an overview of the 'Limits to growth'debate." *Centaurus* 52.2 (2010): 91-116.

VON MUTIUS, E. R. I. K. A. "Statistical/design methods." *American journal of respiratory and critical care medicine* 162.supplement_1 (2000): S34-S35.

Wang, HR., Liu, T., Gao, X. et al. Impact of climate change on the global circulation of West Nile virus and adaptation responses: a scoping review. *Infect Dis Poverty* 13, 38 (2024).

Walker, Vern R. "The myth of science as a neutral arbiter for triggering precautions." *BC Int'l & Comp. L. Rev.* 26 (2003): 197.

Wang,Chia-Nan, et al. "Improving processing efficiency through workflow process reengineering, simulation and value stream mapping: a case study of business process reengineering." *Business Process Management Journal* (2024).

Wang, Hongli, and Jinguang Guo. "New way out of efficiency-equity dilemma: Digital technology empowerment for local government environmental governance." *Technological Forecasting and Social Change* 200 (2024): 123184.

Wasi Ul Hassan Shah, Yuting Lu, Jianhua Liu, Abdul Rehman, Rizwana Yasmeen, "The impact of climate change and production technology heterogeneity on China's agricultural total factor productivity and production efficiency", *Science of The Total Environment*,Volume 907,2024,

Weiss, Charles. "Scientific uncertainty in advising and advocacy." *Technology in society* 24.4 (2002): 375-386.

Wenyun Yao, Yi Zhang, Jingwen Ma, Guanghui Cui,"Does environmental regulation affect capital-labor ratio of manufacturing enterprises: Evidence from China," *International Review of Financial Analysis*, Volume 86, 2023,

Wintterlin, Florian, et al. "Predicting public trust in science: The role of basic orientations toward science, perceived trustworthiness of scientists, and experiences with science." *Frontiers in Communication* 6 (2022): 822757.

Wollmann, Hellmut. "Policy evaluation and evaluation research." *Handbook of public policy analysis.* Routledge, 2017. 419-428.

Yarovaya, Larisa, Roman Matkovskyy, and Akanksha Jalan. "The effects of a "black swan" event (COVID-19) on herding behavior in cryptocurrency markets." *Journal of International Financial Markets, Institutions and Money* 75 (2021): 101321.

Yiqun Zhu, Quan Zhang, Liping Zeng, Jiaqiang Wang, Sikai Zou, An advanced control strategy of hybrid cooling system with cold water storage system in data center, *Energy*, Volume 291, 2024,

You, Chen, et al. "Can the government environmental vertical reform reduce air pollution? A quasi-natural experiment in China." *Economic Analysis and Policy* 81 (2024): 947-963.

Zhihao Jin, "Advancement of Liquid Immersion Cooling for Data Centers", *Highlights in Science, Engineering and Technology* Volume 97 (2024)

가뭄의 경제학: 산업과 경제에 대한 파장

초판발행   2025년 1월 25일

지 은 이   김준모

펴 낸 이   김복환

펴 낸 곳   도서출판 지식나무

등록번호   제301-2014-078호

주   소   서울시 중구 수표로12길 24

전   화   02-2264-2305(010-6732-6006)

팩   스   02-2267-2833

이 메 일   booksesang@hanmail.net

ISBN 979-11-87170-87-7

값 16,000원